KB119204

윤기호 명상 에세이

단상, 혹은 연상

낯선 기억의 재구성

나남
nanam

나남신서 1886

윤기호 명상 에세이

단상, 혹은 연상
낯선 기억의 재구성

2016년 9월 12일 발행
2016년 9월 12일 1쇄

지은이 • 윤기호
발행자 • 趙相浩
발행처 • (주)나남
주소 • 10881 경기도 파주시 회동길 193
전화 • 031-955-4601(代)
FAX • 031-955-4555
등록 • 제1-71호(1979.5.12)
홈페이지 • http://www.nanam.net
전자우편 • post@nanam.net

ISBN 978-89-300-8886-2
ISBN 978-89-300-8655-4(세트)

책값은 뒤표지에 있습니다.

윤기호 명상 에세이

단상, 혹은 연상

낯선 기억의 재구성

나남
nanam

가짜와 진짜 감별법을 위하여

조상호(나남출판 발행인)

대학 진학을 위해 서울에 입성한 지 50년이 가깝다. 이 서울에
서 낳은 자식이 또 같은 대학을 졸업하고 다섯 살 손주의 재롱이 할
아버지 상투 꼭대기에 오를 만큼의 시간이 지났는데도 사람들은 아
직도 나를 '촌사람'이라 부른다. 〈그대 다시 고향에 돌아가지 못하
리〉의 시구詩句처럼 유년기의 기억만 안은 채 고향을 떠나 출향인사
가 되어 버린 허탈감에서인지 '서울사람'이라는 사람은 누구인지
궁금해지기도 했던 무렵이다.

5년 전 독립 프로덕션 '제3비전' 윤기호 대표의 《동영상 이야
기: TV 제작 입문》을 출판했다. 첫인상이 부끄러움을 많이 타는 선
계仙界의 사람 같은 서울사람이었다. 자기주장이 없어서도 아니고
완벽을 강요하는 성격 탓도 아니지만, 우리들은 세상만사 가짜와
진짜에 대한 구별 짓기를 열심히 서로 얘기했던 것 같다.

인사치레로 얼마 전에 출간된 《언론의병장의 꿈》을 선물했다.
바로 다음날, 밤새워 그 책을 읽었다며 "당신의 삶은 가짜가 아니라
진짜다"라고 반가워했다. 열성독자의 진정성에 마음을 내주지 않

을 저자가 어디 있겠는가. 우리의 우정은 '진짜' 그렇게 시작되었다.

어느 봄날 호연지기浩然之氣를 서로 확인하려는 포천 나남수목
원 산책길에서는 그는 프로페셔널답게 나에게 〈인간극장〉의 소재
발굴을 위해선지 '몰래카메라'를 들이대기도 하고, 여의도 윤중제
의 벚나무가 40여 년 전 우리 수목원에서 옮겨갔다는 소문을 사실
로 확인해 주는 수고도 자처했다.

그는 공보처의 KBS가 공사로 출범하던 1973년 공사 1기로 방
송인의 길을 걷는다. 이미 대학생 때 〈조선일보〉 신춘문예의 등용
문을 오른 문사文士의 코페르니쿠스적인 전환이다.

그리고 그는 40여 년간 줄곧 다큐멘터리의 세계에 있었고, 특
히 근래 16년은 항상 현장에서 용돈 수준의 제작비에도 굴하지 않
고 독보적인 휴먼 다큐멘터리의 금자탑인 〈인간극장〉을 설계 · 디
자인하고 연출 · 감독하는 위치에 있었다. 우리 이웃들의 평범한 살
아가는 이야기가 그들의 앵글을 거치면 잔잔한 감동을 넘어선 태풍
의 울림과 떨림으로 미니 드라마가 된다. 소박한 보통사람들이 인
생이라는 무대에서 연기하는 연기자의 숨결을 감동으로 승화시킨
다. 그는 적당한 거리두기의 인내심과 치밀한 기획으로 실제 상황
을 드라마적 상황으로 연출하는 연금술사임에 틀림없다.

매번 새로운 소재를 찾아야 했던 그 기간은 휴먼 다큐의 주인
공인 인간이 진정성이 있는지 자신의 장점만을 과장하는 선택적 인

지에 빠져 있는지를 감별해 내야 하는 고난의 연속이었지 싶다. 제작하는 중에서도 거짓이 발견되면 그 인간극장을 접어야 하는 일이 어디 한두 번이었겠는가. 가짜와 진짜의 구별법은 오랜 동안 그의 화두이자 생존전략의 기본이기도 했을 것이다. 가끔씩은 가짜에 실망하는 푸념을 드러내기도 했지만, 어쩌겠는가. 그것이 그의 치열한 삶의 현장의 통과의례通過儀禮인 것을.

초벌 원고를 앞에 두고 "하루는 길지만 일 년은 짧다"는 나의 말을 즉석에서 무단도용하기도 한 그도 시간을 항해하는 70 주변이 되었다. 우리는 그래도 삶의 현장에서 그 몫을 다한다고 자위하지만, 친구들은 이미 10여 년 넘게 청계산 출근족이거나 화석으로 변한 아버지의 껍질로 숨만 쉬고 있는지도 모른다.

그동안 많이 외로웠던 모양이다. 〈인간극장〉을 통한 가짜와 진짜의 구별에 지쳐 가는지도 모른다. 엊그제 원고를 출판사에 불쑥 내밀며 "책이 되려는지 몰라"라며, '서울사람' 특유의 겸손과 내숭을 보였다. 하루 만에 읽어 낸 그의 글에서 후텁지근한 폭염의 종심을 뚫고 치솟는 분수의 폭포를 발견했다.

리얼한 삶의 맨얼굴을 직면해야 하는 다큐멘터리의 총감독이라선지 4, 5년 동안 길 위에서 메모했던 명상들을 농익혀 내놓은 에세이들이었다. 대뜸《윤기호의 명상 에세이: 단상, 혹은 연상》이라는 제목을 달고 거사를 축하해 주었다.

상상하지도 않은 유혹은 그렇게 시작되었다.

프롤로그부터 에필로그 기도문까지 송곳 하나 꽂을 틈을 주지 않는 완벽한 구성임에도 불구하고, 굳이 나에게 사족을 달아 달라는 '무도회의 초대'에 가슴이 덜컥 내려앉았다. 우리는 발행인과 저자의 관계를 뛰어넘는 '진짜' 친구라고 생각했고, 출판 38년에 2천 종이 넘는 내 책에 추천사나 덧붙이는 글을 쓴 적이 없기 때문이다. 판사는 판결문으로 발언하며, 출판사 발행인은 그 도서목록으로 발언하고, 감독은 무대의 배우들을 통해서 발언하는 것이 아닌가.

그럼에도 불구하고 '서울사람'의 초대를 흔쾌히 받아들일 수밖에 없는 안타까운 사연이 있다. 먼저 소재가 궁하면 나를 〈인간극장〉 주인공으로 내세울 수도 있다는 그의 협박에서 벗어나야 한다. 그리고 정말 마음을 움직인 것은 〈인간극장〉 총감독인 그가 쑥스러워 하면서도 자신의 무대인 텔레비전 대신 책을 통해 스스로 〈인간극장〉 주인공으로 나서는 용기가 부럽기도 했기 때문이다. 무엇보다도 귀하디 귀한 손주 재인이에 대한 할아버지의 애틋한 사랑을 보고 같은 할아버지인 내가 두 팔 걷고 나서지 않을 이유가 없었다.

최초의 독자로서 울림과 떨림으로 밑줄 그은 곳이 한두 군데가 아니다. 혹시라도 이 '발행인 메모'를 읽을 호기심 많은 독자들을 위하여 몇 자 옮기는 결례를 용서하시기 바란다.

핵심을 통과해 보지 못한 집단은 변두리의 자그마한 성공에 피가 끓는다. 그 결과 있는 자 앞에서 비굴해지고, 없는 자 앞에서 오만해진다. 해외의 다양한 문화와 가치에 눈과 귀를 막아 버린다.(p. 370)

〈쇄국주의〉라는 긴 글에서 한류韓流의 지금과 가까운 미래를 읽는 그의 지적은 옳다. 그리고 그이의 툭 트인 세계관과 함께 졸부형 쇄국주의에 가위눌리는 그의 고독도 함께 읽힌다. 한 번도 제국을 경영해 본 경험이 없는 선조의 후예인 우리들이 갖는 한계가 객관화된다. 이민족을 품고 세계제국의 깃발을 치켜드는 '칭기즈칸의 대본영大本營'은 글로써 읽는 것이 아니고 가슴속의 DNA에 녹아 있어야 하는 안타까움 때문이다.

> 우리가 담배를 끊지 못하는 것은/ 담배를 너무 사랑해서가 아니다./
> 담배 이외의 것을 좀더 미워하기 때문이다.// 때때로 우리의 삶을 지
> 탱해 주는 건/ 삶 자체에 대한 사랑이 아니다./ 타인을 향한 증오심일
> 때가 많다.(p.76)

〈담배〉라는 그이의 시詩다. 세상사에 대한 통찰에 무릎을 친다.
여기서 증오심은 물론 진짜인 것처럼 허세 부리는 가짜에 대한 것
이다. 70 주변의 나이에도 가끔씩 분노하는 것은 우리들의 손주가
앞으로 살아야 하는 건강한 사회가 헝클어지는 것을 걱정하기 때
문이다. 혈연 지연 학연이 없는 그와 나는 손주의 눈치를 살피는 것
외에는 아직도 흡연(?)의 연을 돈독히 하고 있다.

> 아마추어는 일에 서툰 사람이 아니다./ 그 일 아니라도 다른 할 일이 있
> 는 사람이다.// 프로는 일에 능숙한 사람이 아니다./ 그 일밖에는 다른
> 할 일이 없는 사람이다./ 부모는 영원한 아마추어이자 영원한 프로페
> 셔널이다. … (p.162)

〈프로페셔널〉이라는 그의 명창名唱이다. 역사에는 가끔 아마추
어가 큰일을 이루기도 한다고 한다. 하자고 들자면 아마추어가 프

로를 능가하는 의도되지 않은 성과를 내기도 한다. 아마추어는 거미줄 같은 고정관념의 포로가 되지 않고 유리천장을 의식하지 않는 자유분방한 열정이 있기 때문이다.

이 책에서 가장 긴 글인 〈색色〉에서 40여 년간 줄곧 추상미술, 그것도 묘법描法 시리즈라고 불리는 난해한 그림만을 그려 온 박서보 화백의 '단색화單色畵' 예술세계를 평가하는 당당한 그의 예술론을 보라.

영상세계의 귀재인 그가 뽑아든 아마추어의 칼날이 승화할 수 있는 지점은 스스로의 화해에 있었지 싶다. 그가 70 주변이 되어서야 색즉시공色卽是空이요, 공즉시색空卽是色의 세계를 엿볼 만큼의 숙성시간이 필요했는지도 모른다. 해서 이렇게 결론을 쓸 수 있었다.

그의 투영은 충돌의 투영이 아니다. 그가 평소에 자주 말하는 '치유'의 경지이자 아름다운 화해의 출발점이다. 비어 있음은 아름답다. 비움을 도모하는 자는 바보스럽지만 당당하다. 비어 있지만 채워져 있고, 채워져 있지만 비어 있는 역설 속에서 여전히 탈출을 감행하는 것이 박서보의 화업畵業 60년이었다.(p.288)

잘은 모르지만, 사랑하는 누나를 훔쳐간 매형에 대한 애틋한 박탈감은 이제 저 산 아래 걸린 구름이어도 좋을 것이다. 그이의 배

려로 우리는 세계적 화가로 우뚝 선 박서보 화백의 작품을 이 책 표
지부터 여러 곳에서 감상할 수 있는 호사를 누릴 수 있다.

인사치례로 '서울사람'이 청탁한 글을 아직도 '촌사람'이라는
내가 곧이곧대로 받아들여 주제넘게 너무 길어졌는지 모른다. 거절
할 수 있는 '서울사람'의 깍쟁이 노릇이 아직도 몸에 배지 못한 모양
이다.

젊은 문학청년의 그 기세가 70 주변에 다시 꽃피는 윤기호 형
의 '은발의 청춘'에 큰 박수를 보낸다. 청춘은 생각만 해도 가슴 떨리
는 그 무엇이어야 하기 때문이다.

시작

하루는 길고 일 년은 짧다.

단상斷想의 길이와 몽상夢想의 방향은 일정치 않다.

최종 목표는 사전 편찬이다.

사전의 한자표기는 사전辭典이 아닌 사전事典이다.

뜬금없는 상념은 끝이 없는 법이므로

편찬 작업이 언제 끝날지는 기약이 없다.

표제어는 생각나는 대로 배열했기 때문에 무순無順이다.

표지 그림은 박서보1931~의 초기 작품에서 가져온 것이다.

그는 지금 단색화 화가로 알려졌지만, 청년 시절 '유전질',

'원형질' 시리즈로 〈허상虛像 전시회〉를 연 적도 있다.

안 그림은 세 명의 서양화가가 그린 것이다.

아까운 나이에 세상을 뜬 신일근1946~2001과,

재인이2010~, 그리고 재인이 할머니1953~다.

건방진 손녀 재인이에게 짝사랑을 보내며 ⋯.

촬영: 윤기호

13

단상, 혹은 연상

낯선 기억의 재구성

차 례

발행인 메모
가짜와 진짜
감별법을 위하여
-조상호 ★ 4

시작 ★ 12

여백 ★ 19

비린내 ★ 21

아버님 ★ 22

한 마리 ★ 23

고독 ★ 24

부부 ★ 26

친절 ★ 27

리트머스 시험지 ★ 29

마른장마 ★ 30

전관수역 ★ 31

겨울잠 ★ 33

추월 ★ 35

행세 ★ 36

빅 데이터 ★ 38

배려 ★ 42

참외 ★ 44

끝장 토론 ★ 45

육박전 ★ 46

마라톤 ★ 47

평지 ★ 48

인문학 ★ 49

후보 ★ 51

여성차별 ★ 52

공간감각 ★ 54

소변 ★ 56

바보 ★ 57

영웅 ★ 61

제헌절 ★ 62

돈 ★ 63

깨달음 ★ 64

두뇌 ★ 66

호모사피엔스 ★ 67

은하수 ★ 68

사람 ★ 74

분해 ★ 75

담배 ★ 76

후텁지근 ★ 77

주인 ★ 78

교훈 ★ 87

등산로 ★ 88

안경테 ★ 89

백일홍 ★ 90

선생님 ★ 92

사실 ★ 93

민주사회 ★ 94

구조조정 ★ 96

천지창조 ★ 97

진화 ★ 98

사족 ★ 100

좋은 사람 ★ 109

결혼식 ★ 110

개혁 ★ 112

열린 교육 ★ 113

증명 ★ 114

신 ★ 115

우상 ★ 117

개미 ★ 126

유엔 회원국 ★ 127

씨름 ★ 128

문화 ★ 131

소도둑 ★ 132

한글날 ★ 133

접촉사고 ★ 135

휘파람 ★ 137

태권도 ★ 139

조직 ★ 140

가출 ★ 141

외근 ★ 154

효율 ★ 155

덕후의 추억 ★ 157

접미어 ★ 159

달팽이 ★ 161

프로페셔널 ★ 162

통점 ★ 163

명작 ★ 164

고뇌 ★ 165

지휘자 ★ 167

지도자 ★ 176

점증법 ★ 177

민주주의 ★ 179

시위대 ★ 181

반대말 ★ 182

혁명 ★ 184

자전거 ★ 185

진보와 보수 ★ 186

좌우 갈등 ★ 190

중앙청 ★ 191

화장 ★ 192

손금 ★ 194

지도 ★ 196

유행 ★ 197

참패 ★ 198

미학 ★ 199

중국 ★ 201

벚꽃 ★ 202

귀농 ★ 203

호감 ★ 204

강한 쇠 ★ 205

바보상자 ★ 206

좋은 빗자루 ★ 207

휴머니즘 ★ 209

할머니 ★ 211

사회 기강 ★ 212

보도 ★ 213

가상현실 ★ 214

외마디 ★ 217

걸레 ★ 222

보수공사 ★ 223

아린지 ★ 225

입체 TV ★ 227

장악 ★ 228

갈등 ★ 229

감기 ★ 230

이면지 ★ 239

뿌리 ★ 240

갱 ★ 241

응석 ★ 243

적과 우군 ★ 244

죽창 ★ 245

콩밭 ★ 247

노예 ★ 248

당명 ★ 249

운전수 ★ 250

신문 배달 ★ 251

카스트 제도 ★ 252

브라운 씨 ★ 253

청문회 ★ 255

김치와 깍두기 ★ 256

전쟁 ★ 257

동심 ★ 258

아이큐 ★ 259

휴가 ★ 260

골프채 ★ 261

두통 ★ 262

미몽 ★ 266

계란 ★ 267

대화 ★ 271

카오스 ★ 272

유서 ★ 273

색 ★ 275

판권 ★ 289

실수 ★ 290

로비 ★ 291

햇볕 ★ 292

과학수사 ★ 294

뼈 ★ 295

정상정복 ★ 296

4차원 ★ 298

정의 ★ 299

돼지 ★ 300

선택 ★ 301

역사 ★ 302

추모 공간 ★ 303

분노 ★ 306

특징 ★ 307

백년손님 ★ 308

원죄 ★ 309

슬픔 ★ 310

뉴스 ★ 311

무장 ★ 312

바퀴벌레 ★ 315

양심 ★ 316

잠 ★ 318

GNP ★ 329

하품 ★ 331

싸구려 ★ 333

귀신 ★ 334

참새 ★ 335

가짜 ★ 336

대가 ★ 337

매력 ★ 340

전국시대 ★ 341

아호 ★ 344

착각 ★ 345

어감 ★ 346

성현 ★ 352

죄 ★ 354

아기 ★ 355

한류 ★ 356

유해 ★ 358

서울 경 ★ 359

네 개의 free ★ 361

핍박 ★ 363

프랑스 치즈 ★ 365

쇄국주의 ★ 366

국민 ★ 371

매너 ★ 373

가족 ★ 374

이율배반 ★ 375

눈치 ★ 377

아크로바트 ★ 379

낙엽 ★ 382

와우 ★ 384

정권 ★ 385

아저씨 ★ 386

우주 ★ 387

마중물 ★ 389

동지 ★ 390

헵번 스타일 ★ 391

스위트 스폿 ★ 394

보자기 ★ 402

끝 ★ 403

후기 ★ 406

여백

★ 뼈와 살이 모인다고 코끼리가 되지는 않는다.
점과 선이 모인다고 그림이 되지는 않는다.
토막 난 기억이 모인다고 역사가 되지도 않고,
깨어진 조각들이 모인다고 접시가 되지는 않지만,
조각난 상념들이 모이면 삶의 여백餘白이 된다.

마크 트웨인은《허클베리핀의 모험》첫 장에 이렇게 썼다.
"이 글에서 체계적인 사상을 기대하는 사람은 기소될
것이며, 교훈을 얻고자 하는 사람은 총살당할 것이다."
이 경고는 여전히 유효하다.
여백 속에서 체계적 사상을 기대하는 사람은 기소되고,
교훈을 얻고자 하는 사람은 총살당할 것이다.

단상, 혹은 연상

비린내

★   제라늄이란 식물의 생명력은 경이롭다.

어떤 악조건 속에서도 잘 자라며 여름 내내

예쁜 꽃을 피운다.

그에 비하면 다른 꽃들은 허약하고 까다로운 공주 같다.

제라늄을 건드리면 짙은 비린내가 난다.

까다로운 응석받이들의 좋은 향기에 비해

유독 아쉬운 부분이다.

그래서 문득 깨닫는다.

세상의 모든 건강한 것들은 비린내가 나는구나.

바다 속에서 갓 잡아 올린 고등어처럼 … .

한여름 금요일 밤, 지하철 승강장에선 비린내가 난다.

비린내 나는 청춘도 그래서 건강하다.

아버님

★   은행 창구 여직원이 처음에는 '아버님'이라고 부르더니,
    아직도 일을 하는 사람임을 확인하는 순간,
    슬그머니 '사장님'으로 호칭을 바꾼다.
    그래서 이 땅의 아버지들이
    별로 하는 일이 없는 사람임을 알게 되었다.

단상, 혹은 연상

한 마리

★ 삼계탕 집에는 반[✝]계탕이란 것이 있다.

닭 반 마리로 만드는 삼계탕이다.

일행이 모두 반계탕을 시키고 혼자 '온계탕'을 시키니

배식 아줌마 큰 소리로,

"어느 분이 한 마리죠?"

고독

★　현대인의 고독이 치유되지 않는 한,

포장마차는 없어지지 않는다.

남의 시선에서 벗어나 혼자만의 멋을 만끽하는 곳은

그곳밖에 없다.

매일 밤, 비슷한 처지의 고독인^들이 모여

고독의 크기를 서로 대보기도 한다.

그러다 보면 별로 고독하지 않다는 것을 발견하기도 한다.

포장마차는 끝내 없어지지 않는다.

현대인의 고독도 끝내 치유되지 않는다.

가장 고독한 사람은 대중식당에서 혼자 저녁을 먹는

50대 퇴직인이다.

그보다 더 고독한 사람은 화장실 변기에 앉아

점심 도시락을 까먹는 20대 직장인이다.

바다 건너 이웃나라에선 현재,

우리에겐 머지않은 미래의 모습이다.

부부

★ 초등학교 시절, 그 둘은 서로 만난 적이 없었다.

사춘기 시절, 그 둘은 서로 앙숙이었다.

그러다가 10대 후반에 친구가 되었으며,

20대 중반까지 애인, 그리고 30이 되기 전에

부부가 되었다.

부부생활은 40년간 이어졌다.

부부생활 후반 36년 동안 그 둘은 애인이 아니었다.

친구도 아니었으며, 앙숙도 아니었다.

단상, 혹은 연상

친절

★　동방예의지국으로 유명한 나라에서 '친절'처럼

오해받는 말도 드물다.

내비게이션이 없던 시절, 지방 소도시 초행길,

길가 배추밭의 후덕한 마님에게 현지 유지^{有志}인

김 선생 댁을 묻는다.

"군청 옆에 사시는디유"란 순박하고 친절한 대답이

돌아온다.

"군청은 어디 있죠?"

"아 그야 저 너머 우체국 건너편이쥬."

"우체국은 어디 있어요?"

"공공 유치원 뒤편에 있쥬."

"그럼 공공 유치원은요?"

"…아 그야 찾으시는 김씨 댁 앞이구유."

혈압이 마침내 폭발 직전까지 가는 것을 느끼며,

"여기서 거리가 먼가요?"

"웬걸유, 엎어지면 코 닿을 거린디…."

결국 혼자 찾아가는 것을 포기하고 애꿎은 담배에 불을
붙인다.

급한 외출 직전, 항공권 예약할 일이 생각나 부랴부랴
항공사에 전화를 건다. 앳되고 공손한 목소리의 여직원이
전화를 받는다. 용건을 얘기하니 이런 질문 드려
죄송하지만 몇 가지 확인을 해달란다.
"주민등록번호를 말씀해 주세요."
나긋나긋하고 친절한 말씨에 급히 번호를 알려 주니
자판 두드리는 소리와 함께
"기다려 주셔서 감사합니다. 여권번호를 말씀해 주세요".
다시 급히 번호를 알려 주니 역시 자판소리.
"기다려 주셔서 감사합니다. 출발지를 말씀해 주세요."
또다시 급히 지역을 알려 주니
"기다려 주셔서 감사합니다. 목적지를 말씀해 주세요".
혈압 상승을 예감하며 목적지를 알려 주니
"기다려 주셔서 감사합니다.
돌아오시는 날짜를 말씀해 주세요".
마침 담배를 끊은 기간이라 불붙일 담배도 없는데,
감사를 받는 시간은 조금씩 늘어난다.
친절 전화응대에 대한 항공사의 직원교육은 완벽했다.

단상, 혹은 연상

리트머스 시험지

★ 그 또는 그녀 사이에 침묵이 부담스럽다면,
아직 진정한 관계는 성립되지 않은 것으로 봐도 좋다.
그 또는 그녀 앞에서 방귀 뀌기가 꺼려진다면,
아쉽지만 둘 사이의 관계는 이미 끝났다고 봐도 좋다.

마른장마

★ 우산을 들고 나왔는데 해가 고개를 내민다.
일기예보를 하는 슈퍼컴퓨터의 성능은
관절염이나 류머티즘에 다소 못 미친다.
장마철이 끝나 가는데도 비가 오지 않는다.
수증기는 많은데 빗방울은 되지 않는다.
정보는 넘쳐 나는데 소통은 되지 않는다.
빈곤은 풍요를 먹고 자란다.
난처해진 기상청에서는 결국 '마른장마'가 끝났다고
발표한다.
'마른 비만'이란 말은 진작부터 있었지만,
'마른장마'라는 편리한 말이 발명되기 전까지는,
기상청은 그저 당할 수밖에 없었다.
그 직후에 길고 세찬 비가 오기 시작했다.

전관수역

★ 바닷속에서 일어나지 않는 일은 없다.

흑산도 일대의 홍어 한 쌍이 먹이를 찾아 헤매다가

중국과 한국의 전관수역을 넘나들게 되었다.

남편이 깜빡 중국 쪽으로 넘어가는 바람에 중국 어부에게

잡혔다. 그는 중국산이 되어 한국에 수출되었다.

아내는 조금 굼떠서 한국 쪽에 있다가 한국 어부에게

잡혔다.

그녀는 가격이 훨씬 비싼 한국산이 되어, 중국산 남편과

어시장에서 만나게 되었다.

그런데 이상한 것은 맛이 서로 다른 것이다.

맛좋은 홍어를 고르기 위해 차량운행이 통제되고 경찰차와

오토바이가 배치된다. 항공기 이착륙이 금지되고, 전투기

훈련도 취소된다. 전국의 직장은 출근을 한 시간씩 늦춘다.

대입 수학능력시험이 있는 날 아침의 풍경이다.

국회의원 선거도 곧 다가오고 있다.

단상, 혹은 연상

겨울잠

★   회색 곰이나 검은 곰은 가을 내내 알래스카의 강에 나가
열심히 연어를 잡아먹는다.
서로 많이 먹겠다고 목숨을 건 난투극도 벌인다.
겨울잠을 자는 데 필요한 에너지인 지방을 비축하기
위해서라는데, 겨울잠은 보통 서너 달씩 계속된다.
이데올로기나 사랑을 위해서가 아니라, 그저 코를 골며
잠을 자기 위해서? 그래서 열심히 혈투를 벌이며 에너지를
비축한다?
몇 달 동안 먹고, 몇 달 동안 자고, 먹고 자고, 자고 먹고….
이보다 더 딱한 녀석이 호주의 코알라이다.
녀석은 일 년 내내 나무 위에서 살면서 유칼립투스 잎을
뜯어 먹는다. 겨울잠을 잘 필요가 없어서인지 먹으면서
계속 자고 있다.
미주지역에 분포하는 '짧은꼬리땃쥐'는
몸길이 10여 센티미터의 작은 포유류지만
진정한 맹수라 할 만하다.

독을 분비하는 이빨이 있어 달팽이, 지렁이, 곤충은
고사하고 저보다 몸집이 큰 개구리, 들쥐, 심지어 뱀까지도
닥치는 대로 잡아먹는다.

심장 박동 수가 분당 1,200회에 이를 만큼 몸의 대사가
빨라 3시간 동안 먹지 않거나 하루에 제 몸무게만큼을
먹지 않으면 굶어죽는다.

사냥은 깨어 있는 5분여 동안 진행되고 25분여는 잠을
잔다. 이 과정은 길지 않은 2년여의 일생 동안 밤낮 없이
반복된다.

이들은 도대체 왜 세상에 나온 것일까?

단상, 혹은 연상

추월

★ 고속도로는 주행선과 추월선으로 나뉘어 있다.

모두가 추월선으로 달리기 때문에,

이들을 추월하기 위해 얼른 주행선으로 들어선다.

가깝지만 상습 정체되는 출근길을 마다하고 멀지만 쌩쌩

달리는 우회로를 선호하는 이유는, 반대편 차선에 한없이

꼬리를 물고 있는 정체 차량을 보는 쾌감 때문이다.

차선을 바꾸려고 깜박이를 켜면,

상당한 거리를 두고 따라오던 뒤차가

전속력으로 질주해 온다.

끼어들기를 막으려는 것….

지식의 유무, 재산의 다과, 평소 얌전하건 심술궂건

상관없이 거의 모든 운전자에게 공통된다.

어떻게 아느냐고? 본인도 그렇기 때문이다.

행세

★   오페라,
    음악으로 실패했을 때는 연극처럼,
    연극으로 실패했을 때는 음악처럼 행세하는 존재.
    오토바이,
    자신이 불리할 때는 자전거처럼,
    자신이 유리할 때는 자동차처럼 ….
    틀렸다.
    자신이 불리할 때는 자동차처럼,
    자신이 유리할 때는 자전거처럼 행세하는 존재.

낯선 기억의 재구성

빅 데이터 Big Data

★　일요일 아침, 도심에서 외곽으로 나가는
편도 27킬로미터의 간선도로는 상습정체가 심하다.
4차선과 2차선, 고가도로와 터널,
수많은 진출입로와 신호등이 뒤섞여 있다.
그런데 오늘은 수시로 차선을 옮겨 다니는 스포츠카 풍의
노란 차가 유난히 눈에 들어온다.
언뜻 혈기왕성한 20대 젊은 커플의 모습이 스쳐 간다.
'조그만 틈새도 그냥 지나치지 못하는군….'
그들은 벌써 한참 전부터 틈만 나면 옆 차선을 파고드는
면도날 곡예운전을 해왔다.
'남의 차선이 더 빨라 보이는 게야…. 그런데 이쯤에선
그쪽 차선이 막힐 텐데….'
아니나 다를까. 앞서 가던 노란 차가 주춤주춤 밀리기
시작한다.
촘촘한 차간 거리 때문에 차선을 바꾸기도 쉽지 않다.
출퇴근 코스처럼 일정한 시간에 일정한 길을 다니다

　단상, 혹은 연상

보면 싫어도 도로 박사가 된다. 이 네거리에서는 아무리
서둘러도 다음 신호등을 바로 통과할 수가 없다. 대형
백화점이 있는 다음 네거리에서는 좌회전 정체 때문에
3차선이 가장 좋다.
'아마도 이 길이 초행이겠지….'
삶이 그렇듯 초행길처럼 대책이 없는 길도 드물다.

잘 알려졌듯이 도심 정체구간의 승패는 차의 성능이나
운전 솜씨에 달려 있지 않다. 오직 어떤 차선에 줄을
서느냐에 달려 있다. 그런데 어떤 줄이 최선인지를
어떻게 안단 말인가.
차선은 항상 온갖 종류의 변수와 상수常數로 가득 차 있다.
검증된 차선도 끝내 안심할 수는 없다.
긴 꼬리 정체에 깜빡 속아 차선을 바꾸면 이제는 그쪽이
막히기 시작한다. 왼쪽 깜빡이를 켜면서 우회전하는
차도 있다. 화물차를 피해 옆 차선으로 끼어들면 머지않아
지게차와 초보차를 만난다. 이것이 교통 변수이자
자충수自充手이다.
아무리 애태우고 조바심을 내도 모든 개별 차량은 결코
전체 주행 차량의 집단 속도를 넘을 수 없다. 이것은
철칙이다. 모처럼 잘 나간다고 속도를 내다간 타이어가

펑크 나거나, 모퉁이에 숨어 있는 경찰 속도계를 만난다.

내 잘못이 없어도 졸음운전 차에 받히기도 한다.

이것은 교통 상수이자 악수^{惡手}이다.

'6년 전 처음으로 이 길을 다니던 초창기가 생각나는군….'

조급증 때문에 틈만 나면 잽싸게 차선을 바꾸곤 했었다.

그러나 수많은 시행착오 끝에 내린 결론은, 잠시의 장애나

유혹에 개의치 말고, 어느 구간이든 2차선을 우직하게

고수하는 편이 가장 성적이 좋았다. 이것이 실적이

뒷받침되는 상식이자 교통 정수^{正手}이다.

'요령이 꼭 보상을 받는 것은 아니다….'

설사 잘 나간다 해도 불과 몇 분 빠를 뿐이고, 늦어도 불과

몇 분 늦을 뿐이다. 살면서 몇 초 몇 분은 그다지 큰 의미가

없다.

'그러나 오래 다닌 보상을 받고 싶기는 하다….'

한동안 앞서거니 뒤서거니 달리던 노란 차가 마침내

시야에서 사라진다.

그토록 열심히 차선을 바꿨지만 성과는 미미하다.

젊은 커플은 아마 그런 사실을 잘 모를지도 모른다.

눈이 오나 비가 오나 똑같은 시간에 똑같은 코스를 달리다

보면 수많은 도로 정보가 쌓인다.

분석의 토대가 되는 방대한 정보의 누적, 이것을

빅 데이터라 한다. 빅 데이터는 야구에도 있고,

입시학원에도 있고 부동산시장에도 있다.

특히 역사 속에 많다.

수많은 빅 데이터의 누적, 거기서 도출되는 엄격한

인과因果의 법칙, 고수의 세계에선 꼼수가 통하지 않는다.

재인이를 보러 가는 매주 일요일 아침의 50여 분은 운전대

앞에 앉아 계가 바둑을 연구하는 시간이다.

손녀 재인이가 태어난 지도 벌써 6년이 지났다.

배려

★　에스키모의 개*들은

영하 50도의 혹한 속에서도 종일 지치지 않고 썰매를 끈다.

혹사 뒤의 보상은 약간의 고깃덩이와 교미뿐….

생체가 극히 피로했을 때 섹스의 충동을 느끼는 것은

생명 보존을 위한 조물주의 배려인지도 모른다.

1960년대까지만 해도 한국의 가정엔 6남매, 7남매,

8남매가 흔했다.

참외

★   냉장고 속에 참외가 다섯 개 들어 있다.

매일 한 개씩 먹다 보니 나흘 후에 한 개가 남았다.

그래서 다시 네 개의 싱싱한 참외를 사서 넣는다.

이때 오래된 참외는 조금 상태가 안 좋다.

다섯 개의 참외를 앞에 놓고, 어떤 것을 먹는 것이 좋을까 고민한다.

제1안: 더 늦기 전에 상하기 직전의 참외를 얼른 먹어치우고 다음날부터 새 참외를 먹는다.

제2안: 어차피 상하기 직전의 참외를 먹어 새 참외를 나중에 또 상하게 하느니, 새 참외부터 먹는다.

판단하기 힘든 문제가 아닐 수 없다.

사회복지 정책을 다루는 당국자들의 시름은 깊어만 간다.

끝장 토론

★   MT를 바다로 갈 것인가, 산으로 갈 것인가를 놓고 진지한
토의가 시작된다. 결론이 쉽지 않자 다수결의 원칙에 따라
투표로 결정하기로 한다.
재적 과반수 찬성으로 하자는 측과 3분의 2 찬성으로
하자는 측의 의견이 갈린다. 이것은 민주주의의 가장
핵심적인 원칙이므로 신중히 결정하자는 의견에 따라
열기가 점점 고조된다.
격론은 두 시간 가까이 계속된다. 결론은 쉽게 나지 않는다.
조금 지쳐 갈 무렵, 과반수냐 3분의 2냐를 투표로
결정하자는 의견이 나온다. 모두들 반색을 하며 투표
준비를 하는데…. 그럼 여기에는 또 어떤 기준을 적용할
것인가의 문제가 대두된다.
다시 과반수 찬성을 적용하자는 측과 3분의 2 찬성을
적용하자는 측이 팽팽히 맞선다.
토론은 새벽까지도 끝나지 않는다.
이 문제를 계속 토론할 것인가 말 것인가에 대해 또 다시
투표로 결정하자는 의견이 나왔기 때문이다.

육박전

★ 단골 식당 주방장의 전언傳言에 따르면,
아줌마들의 친목계 모임이 아수라장이 된 이유는 단순하다.
친목을 도모하기 위해 어떻게 하는 것이 가장 좋은가에
대하여 토론을 시작한 것이다.
그러나 오래지 않아 집행부의 회비 징수방법과, 불투명한
집행방법과 모호한 용도에 대해 그동안의 쌓이고 쌓인
불만이 터져 나오면서 아수라장이 되고 말았다.
결국 친목 모임이 치열한 육박전으로 발전되었다는 이야기.

마라톤

★ 축구를 보면 전쟁을 통해 타 국민을 지배하던 거친 욕망의
   흔적이 보인다.
   골프를 보면 검劍을 사용해 연적戀敵을 타도하던 낭만적인
   시대의 향수가 느껴진다.
   야구를 보면 몽둥이를 사용해 타 부족을 때려눕히던
   야성적인 석기시대의 추억이 지속되고 있음을 알 수 있다.
   마라톤을 보면, 인류 문명이 파괴되고 난 미래의 어느 날
   허허벌판을 달려가는 생존자의 모습이 보인다.

평지

★   마라톤 선수가 가장 힘들 때는 오르막길을 올라갈 때이다.
마라톤 선수가 선호하는 평지^{平地}를 선사하는 일은 어렵지
않다.
가장 완벽한 코스는 강변 옆의 경치 좋은 꽃길이 아니다.
반환점을 기준으로, 갔던 길을 그대로 되짚어 오는 코스다.
갈 때 오르막길은 올 때 내리막길이 된다.
갈 때 내리막길은 올 때 오르막길이 된다.
모두 합해 정확한 평지가 된다.

인문학

★ 세계적인 천체망원경 10개가 연중 구름을 볼 수 없는
   하와이제도 4천 미터 정상에 세워진 데 반해,
   "우리 천문대는 연중 구름 낀 날이 가장 많은 지역에
   세워졌죠."
   소백산 천문대에서 만난 소장파 천문대장이 마침 몰려드는
   먹구름을 보면서 농담을 한다.
   "천체망원경으로 희미한 별을 관찰하는 방법은 그 별이
   있음 직한 위치의 주변을 훑어보는 것입니다. 목표만
   뚫어져라 쳐다보면 별이 시야에서 사라져 버리거든요."
   신기한 천체망원경으로 별을 보고 싶어 하는 문외한에게
   그가 권한 특이한 관찰법이다.
   별이 사라지는 이유는 우리 눈 망막網膜의 특이한 구조
   때문이라고 한다. 망막 한가운데에 있는 맹점盲點이
   그것이다.
   이곳은 타원형의 시야 결손부분으로, 시視세포가 없어
   물체의 상像을 지각하지 못한다. 평소에 이것을 느낄 수

없는 것은 양쪽 눈이 서로의 맹점을 보완하기 때문이다.
실제로 8등성과 10등성 사이라는 그 별은 찾기가 힘들어서,
시선을 언저리로 옮길 때에야 비로소 희미하게 잠깐씩
모습을 드러내다가 사라졌다(육안으로 볼 수 있는 별은
1등성에서 6등성까지라 한다).
어느 한 점에 너무 몰두해 있으면, 핵심이 증발해 버리는
경우가 흔치 않다. 미인美人은 피부를 관찰할 때까지가
미인인 법이다. 소백산 천문대의 설계자는 별보다 먼저
소백산 일대의 구름을 관찰했어야 했다.
그것도 두 눈으로….
결국 그 불운한 천문대는 한참 후에 영천 보현산
천문대라는 강력한 라이벌의 출현을 감수해야 했다.

인문학이란 '양쪽 눈'으로 '주변'을 보는 것이다.
인문학적 소양은 인문학적 지식이 아니라, 호젓한 길에서
행인을 만났을 때 인사 없이 지나치면 뭔가 어색하다고
느끼는 것이다.
사람의 눈과 가장 흡사한 것이 원시 미물에 불과한
오징어의 눈이지만 거기에는 맹점이 없다 한다.

단상, 혹은 연상

후보

★   △와 ★ 중에서 누가 더 대통령 후보로 좋을까요?

글쎄요, 한참 굴러가다 보면 주위의 분진^{粉塵}이 달라붙어

둘 다 ● 모양이 될 텐데,

별 차이가 없지 않을까요?

여성차별

★ 남녀평등을 실천하는 운동가들 중에는 가끔 부모의 성^姓을
모두 따다가 자신의 성을 두 글자로 만드는 사람들이 있다.
어머니 쪽이 섭섭지 않게 배려하는 것이다.
홍길동은 홍박길동이 되고, 임꺽정은 임서꺽정이 된다.
문제는 이들이 서로 결혼하는 경우인데, 홍박임서개똥이란
아이가 태어난다.
손자 대에 가서는 성만 8개, 또 그 아랫대에서는 16개.
이래서는 견딜 수가 없다.
어머니 쪽이 다시 양보해 홍씨와 임씨로 복귀한다.
구조적이며 조직적인 여성차별이다.

공간감각

★ 비슷한 모양의 병에 담겨 있는 참기름과 액체 세제洗劑가
찬장의 같은 칸에 들어 있다.
정사각형의 빨래비누와 정사각형의 치즈도 같은 서랍 속에
들어 있다.
여성의 공간감각이 남다르다는 것이 수치로 증명된 바는
없다. 여기서 다르다는 것은 다소 논리적이지 않다는
뜻이다.
공간감각이란 공간의 크기, 위치, 방향, 위험성 등을
파악하고 그 결과를 예측하는 능력을 말한다.
물론 공간마다 주제를 설정하고 분류해서 효율적인 운용을
하는 능력도 포함된다.
공간감각이 없다면 절벽 아래로 발을 내디딜 것이다.
겨울옷과 여름옷, 팬티와 브래지어가 한 서랍 속에 들어
있을 것이다.
남성과 여성을 막론하고 공간감각이 없는 사람은 없다.
다만 여성의 감각이 남다르다고 하는 이유는, 나의 공간

논리를 인정하는 만큼 남의 공간 논리는 무시하는 것
아닌가 하는 의구심 때문이다.

대표적인 예가 자동차 운전이다. 초보냐 베테랑이냐를
막론하고 저돌적으로 차선을 바꾸는 운전자를 보면
대개 여성이다.

내가 비집고 들어가는 공간에 다른 사람 역시 저돌적으로
달려오고 있다는 논리가 결여되어 있는 듯이 보인다.

"무슨 소리. 남자들이야말로 그따위 무개념 운전을
일상으로 하는 동물들인데 …"라는 반격이 즉각 돌아온다.

고질적인 여성차별과 여성비하의 소치라는 항변도 거세다.

하긴 남성 역시 쓸 만한 자리만 났다 하면 어디나 머리를
들이미는 것으로 보아 공간감각이 없기는 마찬가지다.

다만, 공간감각의 결여가 여성의 치명적인 약점이거나
수치스러운 평가라고 오해하지는 마시길 바란다.

실은 정반대다. 공간감각의 결여 역시 일종의 특수
공간감각이다.

여성의 이 특수한 감각은 위대한 능력의 일단을 말해
주는 산 증거물이다. 이 감각이 없고서야 어떻게 질주하는
자동차 앞에 몸을 날려 어린 자식을 구하고 자신은 죽는
위대한 모성을 발휘할 수 있겠는가.

소변

★　화장실 다녀올 때마다 손 씻는 일은 필수다.

　그러나 남자는 갈등이 심하다.

　소변을 보기 전에 씻는 것이 옳은지, 소변을 보고 난 뒤에

　씻는 것이 옳은지, 판단하기 힘들다.

　자신의 신체에 대한 존경과 비하의 문제이기 때문이다.

바보

★ 재인이는 예쁘다.

코가 약간 납작하긴 하지만, 이목구비가 다 제자리에 있고
야무지게 생겼다.

집중력도 뛰어나다.

그림 그리기에 몰두할 때는 양 볼과 두 입술이 삐죽
튀어나온다. 그럴 때 코는 양 볼에 파묻혀 잘 보이지 않는다.

그러나 코는 갈수록 높아질 것이다.

녀석은 2010년 여름에 태어났다.

그때 한반도는 여전히 분단 상태였으며, 주변은 소음으로
가득 차 있었다. 비가 내리는 날보다는 맑은 날이 더 많았다.
우리의 시선이 눈높이를 벗어나지 못하고 있는 사이,
머리 위 까마득한 곳에서 어떤 움직임이 있었는지는 알
길이 없다.

그러나 2,500여 년 전 그리스와 동아시아에서 그랬듯이,
어떤 행운의 별이 재인이와 주변 사람들의 영혼 위에
반짝였음이 틀림없다(그때 여러 지역으로 고립되어 있던

촬영: 윤기호

단상, 혹은 연상

인류는 처음으로, 거의 동시에 정신문명의 불빛을 보았다).

17개월쯤 되었을 때, 녀석은 "됐다"라는 말을 어디선가
배워 똑똑히 발음한다. 녀석의 첫 모국어이다.

그렇다면 이제 됐다. 앞으로 급격히 어휘가 늘어날 것이
틀림없다. 머지않아 "하부지", "하삐" 또는 "하라버지!"
비슷한 말을 쏟아 낼 것이다.

또 머지않아 그 조그만 입술을 달싹이며 간단한 문장으로
제 생각을 속삭일 것이다. 떼를 쓸 것이며, 아프다고 울
것이며, 재미있다고 깔깔거릴 것이다.

만 4년 3개월을 지날 무렵에는 "비로소", "오히려" 등의
고등 어법도 구사하기 시작했다.

어린이집이나 만화영화에서 배웠을 것이다.

마침내 머지않은 장래에 ─ 코딱지를 후비는 버릇이 없어진
다음에 ─ 작은 눈을 반짝이며 제 소망과 고민과 불만을
진지하게 얘기할 것이다.

그때 녀석의 양 볼의 젖살은 빠져 있을 것이다.

또 한참 후의 일이겠지만, 그리고 주변 바보들을 많이
섭섭하게 만들겠지만, 기생오라비 같은 남자 녀석에게
정신이 팔려 가출을 할지도 모른다.

이상하게도 녀석은 꿈속에 한 번도 나타나지 않는다.
나타나지 말았으면 하는 이상한 사람들은 자주 나타난다.

깨끗한 대기를 호흡하던 영혼은 오염된 대기를 호흡하던
영혼을 피하는지도 모른다.

꿈이라는 것이 영혼의 나들이라고 할 때, 재인이가 그
시간에 천사를 만나러 가는 것인지도 모른다.

녀석은 매일 천사와 공주 그림만 그린다. 녀석은 2030년
이후에도 이런 사실을 모를지도 모른다.

집집마다 손주들로 난리지만, 정작 손주들의 숫자는 점점
줄어만 간다.

영웅

★ 활동사진 시절,
고난 끝에 악惡을 평정한 서부西部의 건맨이
석양 너머로 유유히 사라질 때
객석에선 박수가 터져 나온다.
건맨이 가장 비참할 때는
흘린 모자를 주우러 다시 돌아올 때이다.

제헌절

★ 7월 17일은 제헌절이다.

제헌절은 헌법을 만든 날이다.

다른 법은 만들지 않은 날이다.

돈

★ 세상의 속박으로부터 내가 자유스러워지기 위해서
속박의 상징인 법이 필요하다.
세상의 속됨으로부터 나를 보호하기 위해서
속됨의 상징인 돈이 필요하다.
한국인의 관심이 오직 한 가지, '돈'에 가 있다는 생각은
올바른 생각이 아니다.
돈을 위해서라면 모두가 기꺼이 공동체를 희생시킬 준비가
되어 있는 것은 사실이지만, 유독 기업인들만은 예외다.
돈 이외의 것을 추구한다.
그들의 관심사는 애초부터 돈이었기 때문이다.
수십억 원을 가지고 있다면 쓸 데가 참 많다.
수천억 원을 가지고 있다면 쓸 데가 별로 없다.
기부밖에.

깨달음

★ 한때 미주 대륙 어디선가 수입된 옥수수가 눈길을 끌었다.
강원도 옥수수의 거의 두 배 크기에
달고 아삭아삭한 맛이 일품이었다.
당연히 국내 재배농가가 그 옥수수 씨를 심었던 모양이다.
과연 탐스러운 옥수수가 열렸다.
농산물 판매조합을 통해 일반인도 구매할 수 있었으므로
매출이 급증했다.
그러나 몇 년 가지 않아 옥수수의 크기가 조금씩
줄어들었다. 맛은 그대로였지만, 차츰 작아지더니 다시
국내 토종 옥수수와 비슷해졌다.
그래서 문득 깨닫는다.
모든 문화는 그 나라 풍토의 산물이구나….
한국의 토종 배추를 일본 땅에 심으면 물기가 많아지고
비린내가 난다고 한다.
생명력이 강하기론 흔히 선인장이라 부르는
산세베리아(Sansevieria, 아스파라거스과 식물)만 한 게 없다.

축하 화분용으로 인기가 많은데, 반년씩 물을 주지 않아도
끄떡없고 부러진 줄기를 그저 땅에 꽂아 놓아도
거기서 또 새 줄기가 돋아 나온다.
그래서 또 문득 깨닫는다.
세상이 점점 더 사막화되어 가는구나.
이발을 하고 나면 머리카락이 반란을 일으킨다.
공포에 질린 듯 들쭉날쭉 하늘을 향해 곤두선다.
잘못 깎은 것인가 하면 그렇지도 않다.
3, 4일 후에는 정상으로 돌아가 가지런해진다.
처음에는 잘 모르던 현상이다.
벌목꾼이 숲에 나타나면 나무들이 도망갈 채비를
한다고 한다.

두뇌

★ 다리가 백 개나 되는 지네에게, "당신은 어떻게 해서
그렇게 잘 걸어 다니시오?"란 질문을 했더니 그 순간부터
다리가 엉켜 잘 걷지 못하더라는 농담.

해외 다큐멘터리에서 메뚜기에 대한 재미있는 정보가
소개되고 있다. 수억 마리의 메뚜기가 날아다닐 때
서로 부딪치고 뒤엉키지 않는 이유는, 거의 없는 거나
마찬가지인 메뚜기의 뇌 때문이라고 한다. 원시적인
이 두뇌는 순간적인 충돌 상황에만 가장 효율적으로
반응하도록 설계되어 있다고 한다.

이런 특성에 착안한 세계의 엔지니어들은 장차 도시의
혼잡한 교통상황을 자동 제어할 시스템을 메뚜기에서
배울 수 있을 것으로 기대하고 있다.

허긴…. 고도로 영악한 두뇌만이 꼭 쓸모가 있는 것은
아니다.

호모사피엔스

★ 엘리베이터 안에서 6살짜리 예쁜 여자아이를 만난다.
꼬마 탤런트라고 옆에 있는 엄마가 자랑스러워한다.
4살 무렵부터 연기학원에 다녔다고 한다.
출생 이후 첫 걸음마 시기는 인간이 제일 늦다.
동물의 왕국에서는 발 빠른 순서에 따른다.
사슴이나 기린은 태어난 지 10분도 안 되어 혼자 일어선다.
사자가 노려보고 있기 때문이다.
만물의 영장이라는 호모사피엔스는 부모형제가 노려보고
있는데도 최소한 1년은 걸린다.
발육이 좀 느렸던 사촌형제 중에는 1년 반이 걸린 경우도
있다. 족집게 과외가 필요한 경우이다.

은하수

★　해외 다큐멘터리 〈우주의 신비〉를 보다가 깜박 눈을 감으니,
성뚝 위로 아련한 전설처럼 나뭇짐 하나가 나풀나풀
걸어온다.
나뭇짐은 하나가 아니다. 나뭇잎을 물고 오는 개미 행렬처럼,
용달차만큼이나 커다란 나뭇짐이 그 뒤에 하나,
이어서 또 하나 나타난다.
나뭇짐은 주로 야산의 잡목 가지들로 꾸려져 있다.
몸을 잔뜩 숙인 채 지게를 지고 오는 노인은 그 속에 파묻혀
잘 보이지도 않는다. 멀리서 보면 나뭇짐만 걸어오고 있다.
노인들의 주름진 얼굴은 새카맣게 그을려 있고, 장딴지에는
지렁이 같은 핏줄이 힘줄 사이로 튀어나와 있다.
지게에는 빈 도시락이 보자기에 싸인 채 낫과 도끼 옆에
걸려 있다. 낫과 도끼는 노인들의 유일한 무기다.
나무가 줄어들어 점점 더 깊이 들어가야 하고
산은 점점 벌건 흙이 드러나는 민둥산이 된다.
산길이 왕복 20리는 족히 되련만 나뭇짐을 부릴

장터까지는 성뚝 길을 따라 다시 5리가량 더 걸어야 한다.
지게를 내려놓고 쉴 때면 노인들은 곰방대를 꺼내 담배를
꾹꾹 눌러 담는다. 오래된 기침소리와 가래 끓는 소리가
회한처럼 그르렁거린다.

언제부터인지는 모르나 냇물을 따라 양 옆으로 긴 뚝길이
생겨났다. 어른 키 두 길쯤 되는 뚝이 아담한 중소도시의
남서쪽을 성^城처럼 둘러싸고 있다 해서 성뚝이라 부른다.
성뚝 너머 남쪽으로는 넓은 논과 밭이 펼쳐진다.
평소에는 얌전한 시냇물과 모래사장이건만 홍수가 날 때의
성뚝 길은 무섭다. 턱밑까지 흙탕물이 넘실거리고 초가집
지붕과 사람이 떠내려 올 때도 있다.
사람 몸을 구렁이가 칭칭 감고 있더라는 미확인 소문도
들린다. 그러나 평소에 시냇물은 실개천으로 쪼그라들고,
넓어진 모래사장에는 무 배추와 마늘이 자란다.
그 속에 흙 꾸구리가 되어 뒹굴던 빡빡머리 소년과
단발머리 소녀들이 보인다.
여름엔 헤엄치고, 겨울엔 썰매 타고, 가을엔 메뚜기 떼 훑고,
봄엔 냉이 쑥 파던 가난한 사람들이 보인다.
썰매는 일본인들이 가설해 놓고 간 성뚝 길의 철사를 잘라
만들었다.

성뚝 안쪽 함석지붕 초가지붕의 나지막한 동네에는
군데군데 비좁은 골목을 비집고 들어선 키 큰 미루나무들이
보인다.
미루나무는 수천 마리의 참새 떼가 잦아들었다가 한꺼번에
날아오르는 놀이터다. 그때마다 귀가 따갑고 하늘이
새카매진다.
얼룩무늬 호랑거미와 거미줄, 거기에 걸려 있는 불쌍한
귀뚜라미, 박새가 둥지를 튼 함석지붕 처마 밑으로 저녁밥
짓는 연기도 피어오른다.
피난살이 하던 할머니의 모습도 보인다. 밤늦도록 돌아가던
엄마의 손재봉틀 소리도 들린다.
명색이 도청 소재지건만 동네에서는 황소 울음소리와 돼지
꿀꿀대는 소리, 닭과 오리의 홰치는 소리도 들린다.

뚝 위에는 군용 지프차며 우마차가 오가고, 등하굣길의
학생들, 농부들, 출퇴근 공무원들의 자전거 행렬이
이어진다.
전쟁이 끝난 지도 5년여 지났건만 상이군인들의 모습도
보인다. 소똥이 여기저기 널려 있으나 아무도 개의치
않는다.
아침저녁 정해진 시간에 어김없이 조잘대며 지나가는

단상, 혹은 연상

연초공장의 큰 애기들 행렬도 보인다. 연초공장은
담배공장의 당시 이름이다. 일자리가 귀하던 시절
연초공장은 20대 여성들의 흔치 않은 일터였다.
성뚝 길이 현대식 철교와 만나는 지점 냇가 공터에는
좀좀히 박힌 말뚝들이 보인다. 누런 소들이 매여 있는
소시장과 오일장은 흰 옷 입은 주인들과 고객들로
북적인다.

담배를 다 피운 노인들이 다시 나뭇짐을 지고 나풀나풀
석양 속으로 사라지면, 거나하게 취한 두루마기 차림의
촌로들이 삼삼오오 소를 몰고 황혼 속에서 나타난다.
머리에는 어김없이 낡은 중절모를 쓰고, 손에는 방금
흥정을 끝낸 황소의 고삐가, 또 한손에는 새끼줄에 엮인
꽁치 서너 마리가 들려 있다.
어둠이 내려앉으면 가로등 없는 성뚝 길은 행인의 발걸음이
끊긴 채 동네 사람들의 밤 마실 공간이 된다.
모두가 가난했지만 모두가 별로 가난하지 않던 시절,
하늘밖에는 바라볼게 별로 없던 그 시절, 한여름 밤 성뚝 길
풀섶에 나가 벌렁 누우면, 은혜처럼, 바그너의 음악처럼
쏟아져 내리던 은하수와 별 무리와 반딧불이가 보인다.
그 사이로 칼자국을 내며 사라지는 별똥별도 보인다.

단상, 혹은 연상

그들이 보내오던 수많은 메시지는 지금 기억 속에서
가물가물하다.

어디서 불러 올까나, 그리운 성뚝 길.
이제 황토와 소똥으로 다져진 성뚝 길은 사라졌고 도시
우회로가 된 4차선 아스팔트 위에는 신형 SUV가 달린다.
흙 꾸구리 개구쟁이들 대신 예쁜 티셔츠 차림의 소녀가 그
속에서 웃고 있다. 소시장도 없어졌고, 나무꾼 노인들의
오래된 기침소리도 사라졌다.
큰 애기들은 모두 할머니가 되었다.
시내 곳곳마다 높이 솟아 있던 미루나무며 참새 떼도
사라졌다. 시냇물 남쪽의 논밭은 모두 주택단지가 되었다.
은하수도 사라졌다. 시냇물의 이름은 무심천無心川이다.
이 모든 것들은 그다지 아름답지 않다. 그래서 더 아름답다.

여섯 살 손녀 재인이도 은하수와 별에 대해 잘 알고 있다.
별똥별과 반딧불도 본 적이 있다고 한다.
녀석이 알고 있는 별과 은하수는 모두 TV 속에서 본
것이다.

사람

★ 우리말 '사람'은 '살다'라는 동사형에서 온 말일 것이다.
걸음이 '걷다'에서, 꿈이 '꾸다'에서 온 것과 같다.
동사가 먼저인지 명사가 먼저인지는 모르겠으나 원시인도
다른 사람을 지칭할 필요는 절실했을 것이다.
그중 하나가 '놈ᵇ', 그리고 그것이 변형된 것으로 여겨지는
'남', '넘', 또는 '님'이다.
현재 '놈'은 가벼운 욕설로, '남'은 타인을 가리키는 말로,
'넘'은 '남'의 사투리로, '님'은 높임말로 쓰인다.
경멸의 상징인 놈과 존경의 상징인 님이 같은 뿌리라는
사실은 의미심장하다. 타인을 뜻하는 남과 넘이 '님'과 같은
뿌리라는 사실도 의미심장하다.
문법에는 안 맞지만 '살다'의 수동형은 '살아진다'이다.
'살아진다'와 '사라진다'의 발음이 같다는 것도
의미심장하다.

분해

★   의과대학의 기본 철학은 사람을 조각내는 것이다.

잔인해서가 아니라, 그럴 수밖에 없는 사정이 있을 것이다.

머리는 눈, 코, 귀, 입…. 뱃속은 허파, 심장, 밥통, 간,

작은창자, 큰창자…. 몸통은 뼈, 살, 피, 신경, 호르몬….

기관, 조직, 세포, 세포핵, 분자, 원자, 전자… 식으로 분해하여

가르치고 배운다.

심장 하나를 배우는 데만도 의사의 일생이 모자랄지 모른다.

그런데 비극적이게도

심장과 허파는 따로 분리해 봤자 별 의미가 없다.

심장은 죽어 있는데

허파가 살아서 숨 쉬는 광경을 상상이나 할 수 있겠는가.

첨단 의학이 발달한 현대에 불치병은 점점 더 늘어만 간다.

담배

★ 우리가 담배를 끊지 못하는 것은
담배를 너무 사랑해서가 아니다.
담배 이외의 것을 좀더 미워하기 때문이다.
때때로 우리의 삶을 지탱해 주는 건
삶 자체에 대한 사랑이 아니다.
타인을 향한 증오심일 때가 많다.

단상, 혹은 연상

후텁지근

★   수십 년, 아니 거의 평생을 후텁지근한 속에서 살았는데,
'후덥지근'이 아니고 '후텁지근'이란다. 중부 지방에 사는
수십, 수백만 명이 후덥지근하다고 하면서 살았는데, 어느
날부터 갑자기 후덥지근이 아니고 후텁지근이란다.
거의 평생, 전국 수천만 명이 먹고 있던 짜장면이 어느 날
갑자기 자장면이 되더니, 또 어느 날부터는 다시 짜장면도
된다고 한다. 후텁지근도 된다고 하는 날이 언젠가는
올지도 모른다. 짜장면에 두 종류가 있듯이, 후텁지근에도
두 종류가 있다.
'읍니다'가 어느 날 갑자기 '습니다'가 되었습니다. 수십
년 동안 '읍니다' 맞춤법에 골치를 앓다가 이제는 '습니다'
맞춤법에 맞추느라 수백만 명이 땀을 흘리고 있습니다.
'읍니다' 맞춤법을 쓰면 한물간 사람 취급을 받는데, 여전히
'했음'과 '했슴'을 혼동하는 사람이 수십만 명이 넘습니다.
국어심의회 여러분, 수고가 많습니다. 후텁지근과 자장면이
문제가 아닙니다.

주인

★ 선거 유세 현장의 후보들이 국민을 주인으로 섬기겠다고
목청을 높인다. 어떤 사물의 소유자를 주인主人이라고 한다.
신발 주인이란 신발을 소유하고 있는 사람이다.
주인은 소유할 뿐만 아니라, 넉넉한 인심과 재력과 언변을
무기로 주변 사람들을 복속시키고 '부린다'. 그렇게 부림을
당하는 사람들이 머슴, 종업원 또는 공무원들이다. 이들은
주인에게 각종 봉사를 아끼지 않음으로써 시혜에 대한
보답을 한다.
주인과 이들 사이의 갑을甲乙 관계는 독립국과 속국의
관계와 같다. 독립국은 식량과 에너지와 무기를 자체
생산하는 나라로, 무기 중에는 강력한 화학물질과 의약품도
포함된다.
두 세대 전까지만 해도 한국의 아내들은 남편을 주인이라고
불렀다. 그러나 남편의 주가가 폭락하면서 독점적인
지배권은 사라졌고, 이제 남편을 주인이라고 부르는
안주인은 없다.

단상, 혹은 연상

이에 비해 집주인, 담배 가게 주인, 푸줏간 주인은 실체가
뚜렷하다. 나라의 주인이 국민임도 확실하다. 다만 너무
넓은 지역에 분포해 있고 움직임이 너무 굼뜨기 때문에
주인인 줄 모를 뿐이다.

지구의 주인은 누구인가?
인간이 주인인 줄 알지만, 사자나 메뚜기 편에서 보면
자신들이 주인이다. 독수리나 돌고래도 마찬가지다.
따라서 굳이 인간을 내세우지만 않는다면
지구의 주인은 모든 살아 있는 동물이라 할 수 있다.
문제는 인간을 포함한 이들 동물들이 가진 주인의
자격이다. 가장 큰 결격사유는 에너지 문제인데,
이들은 스스로 에너지를 만들지 못한다. 대신 다른 동물을
잡아먹거나 자연자원을 수탈함으로써 해결한다. 반면
주변에 베푸는 것은 미미해서 분뇨와 공해밖에는 없다.
이런 살상행위, 강탈행위로는 존경을 받는 주인이 될 수가
없다.
그렇다면 누가 주인일까?
이를 규명하기 위해선 어쩔 수 없이 베일에 싸인
신비스러운 존재를 추적할 수밖에는 없다. 없다고 생각하면
자주 나타나고, 있다고 생각하면 별로 나타나지 않는

존재…. 지구를 찾아온 증거는 없지만, 지구를 떠난 증거도 없는 존재…. 그래서 어디에도 없고, 어디에나 있는 이상한 존재….

UFO와 외계인이다.

교실과 사무실과 정치권에 자주 출몰하는 4차원 외계인과는 달리, 이들의 존재 유무有無는 불명확하다. 그럴 때는 '있다有'라고 가정하고 대비하는 편이 현명하다. 저명한 물리학자 중에도 외계인을 지지하는 사람들이 꽤 있다. 외계인이 지구를 찾아왔는데, 이들이 눈에 뜨이지 않는 이유는 무엇일까. 다 어디에 가 있기에 보이지 않는 것일까.

그 먼 우주에서 지구를 찾아왔다는 사실 하나만으로도 외계인은 고도의 지능과 엄청난 과학기술을 보유한 생명체임이 분명하다.

이들의 우주여행을 가능케 하는 것은 전혀 다른 차원次元을 이용한 시간 이동술이라 한다. 하나의 문門으로 들어가 잠시 후 다른 문으로 나오는데, 둘 사이의 거리는 수만 광년이나 떨어져 있다. 이런 영악한 존재들이기에 지구에 도착한 뒤에도 전혀 다른 차원의 생태계를 이루고 있을 것은 짐작키 어렵지 않다.

단상, 혹은 연상

우선 이들은 천천히 움직인다. 시간의 차원이 달라
지구인의 1시간은 이들의 10시간 또는 하루에 해당한다.
이들은 너무 천천히 움직여 거의 움직이지 않는 듯
보이지만, 움직임을 중단한 적은 한 번도 없다.
다만 대륙이동 속도보다는 훨씬 빠르다.
두 번째로는, 에너지와 양분을 자체 생산한다. 주변을
수탈하는 방식이 아니라, 가장 간단한 재료, 예컨대 햇볕과
물과 공기만 있으면 충분하다. 그들은 이 재료를 체내에
보유한 공장에서 식량으로 바꾼 다음 모든 동물에게
무상으로 지급한다. 심지어 지구상에서 필요한 의약품의
99%도 생산해 낸다.
그 대가로 이들은 하인들의 존경을 받고 그들을 '부린다'.

외계인들도 생명인지라 번식을 해야 하는데 행동이 너무
굼떠 도우미의 손길이 필요하다. 그렇다고 무임금 노동을
강요하거나 학대하는 일은 없다. 나비와 벌, 원숭이와
코끼리 등 지구상의 머슴들은 주인이 마련해 준 달콤한
열매와 주스를 받는 대신 그 속의 딱딱한 씨앗을 기꺼이 먼
곳으로 운반해 준다.
살아서는 양분과 쉼터를 주고, 수명을 다하면 자신을 위해
봉사한 하인들에게 모든 것을 남기고 아낌없이 떠난다.

심지어 장작불이 되어 몸을 불사르고 퇴비로 돌아간다.
여기선 아무런 공해도 발생하지 않는다. 도덕적으로
완벽한, 진정한 봉사와 헌신의 일생이 아닐 수 없다.

다만 외계인들도 인△인지라, 이들의 생김새와 성격은 인간
세상만큼이나 다채롭다. 신장이 몇 센티미터에 불과한
난쟁이도 있고, 최대 100미터에 이르는 거인족도 있다.
수명이 몇 개월에 불과한 단명족도 있고, 수천 년에 이르는
장수족도 있다. 은은한 약 성분의 향기를 풍기는 종족이
있는가 하면, 맹독성의 악취를 내뿜는 천한 종족도 있다.
품위 있고 인품 좋은 귀족, 하찮은 벌레를 덫으로 유인해
잡아먹는 사악한 괴물, 동족의 피를 빨아먹는 기생寄生족도
있다. 이들은 건장한 동족을 칭칭 감고 올라가 결국 목 졸라
죽이는데, 희생당한 외계인이 썩어 없어진 자리에는 큰
기둥구멍이 나 있기 일쑤다.
마지막으로, 이들은 언어를 갖고 있다. 언어는 인간에게나
외계인에게나 필수적이다. 이들은 매우 특이한 주파수의
독특한 언어를 사용하는데, 오랜 시간 나누는 속 깊은
대화는 인간들의 천박한 언어로는 알아들을 수가 없다.
그들을 볼 수 있고 들을 수 있는 눈과 귀를 가진
지구인에게만 어렴풋이 이해가 된다. 도저히 믿지

못하겠다고? 그럼 다음의 신문기사를 참조해 보기로 하자.

영화 〈아바타〉에 나오는 판도라 행성에서는 모든 식물 뿌리들이
연결돼 뇌 신경망처럼 거대한 정보 네트워크를 이룬다.
나비족族의 간절한 기도를 받은 '영혼의 나무'는 이 네트워크를
통해 모든 동물에게 판도라를 파괴하려는 인간 군대에
대항하라고 총동원령을 내린다.
지구에서도 판도라 행성에서처럼 식물들이 서로 정보를 주고받는
땅속 네트워크가 있다는 연구 결과가 나왔다. 네트워크 회로는
뿌리 끝에 공생共生하는 곰팡이와 같은 미생물이다. 식물이 해충의
공격을 받으면 공중에 경고 물질을 방출한다. 주변 식물들은 경고
물질을 탐지해 미리 해충에 대비한다.
캐나다 브리티시 컬럼비아대 연구진은 2009년 캐나다의 숲
전체를 연결하는 거대한 균근菌根 네트워크를 발견했다. 나무
하나는 균근을 통해 30미터 이상 떨어진 주변 수십 그루의 나무와
연결된 것으로 나타났다. 곰팡이는 심지어 종種이 다른 나무에도
연결돼 있었다. 연구진은 균근을 '식물 세계의 인터넷'이라고
불렀다.

곰팡이가 이럴진대 지구 전체를 덮고 있는 외계인 왕국의
정보 네트워크는 실로 어마어마하다.

단상, 혹은 연상

나남수목원, 2015년 가을.

이 모든 개체들을 총지휘하는 사령탑은 아프리카와
북미의 모처에 분산돼 있는 것으로 알려져 있다. 사령관은
바오밥나무일 때도 있고, 신장 100미터의 세쿼이아^{sequoia}
거목일 때도 있다. 이들의 수명은 거의 5천 년에 이른다.
사령관 밑에 사단장, 연대장, 대대장, 중대장… 그리고
병사가 포진하지만, 그렇다고 남을 공격하는 일은 없다.
우리가 흔히 보는 느티나무는 연대장, 소나무와 은행나무
등은 대대장급에 해당된다.

하늘을 찌를 듯한 이들의 장엄한 열병식을 직접 보지
않고는 그 위용을 실감할 수 없을 것이다. 세상의 모든
신화와 전설은 실로 이들로부터 나온 것이다.

그래도 믿지 못하겠다고? 구차스럽게 가이아 가설^{假說}까지
끌어올 필요는 없을 것이다. 영국의 과학자 러브록^{James}
^{Lovelock, 1919~}은 지구가 대기, 해양, 토양과 생물권이
유기적으로 결합된 하나의 살아 있는 생명체라고 주장했다.
'가이아^{Gaia}'는 고대 그리스인들이 대지의 여신에게 붙인
이름이다.

교훈

★ 다소 여유 있고 나이가 지긋한 연령층의 취미는 대개
  두 가지로 나뉜다. 등산과 골프이다.
  두 가지를 동시에 즐기는 사람이 흔치 않을 만큼 각각
  중독성이 강하다. 그러나 둘 다 좋다.
  등산은 인생에 있어서 열심히 하면 한 만큼 성공한다는
  교훈을 준다.
  골프는 열심히 해도 실패한다는 교훈을 준다.

등산로

★ 등산로는 여러 갈래가 있다.

산이 좋을수록, 오래된 등산로일수록 길은 더 많이 생긴다.

세상의 산행인은 두 종류가 있다. 한 번 간 길은 다시 가지

않는 사람과 다니던 한 길로만 다니는 사람이다.

전자는 매번 새로운 느낌을 갖고 싶어 다른 길로 다닌다.

후자는 익숙하기 때문에 한 길로만 다닌다.

30년 동안 매주 똑같은 코스로 북한산을 오르는 사람이

있다.

지겹지 않느냐고?

이 사람에게 있어 북한산은 매주 다른 산이 된다.

매번 똑같은 구조의 길과 나무와 바위지만,

볼 때마다 다른 주제로 다가온다.

매일 똑같은 코스로 출퇴근하는 재벌 기업 회장이지만,

유독 그의 눈에만 길거리에 널려 있는 돈다발이 보인다.

단상, 혹은 연상

안경테

★ 비누에 때가 묻어 세제를 찾았으나,

  그냥 비비기만 하면 되는구나.

  돋보기 안경테의 나사가 풀려

  십자^{十字} 드라이버로 조이려 들었으나,

  나사의 십자 홈이 보이지 않는구나.

백일홍

★　백일홍은 꽃이 100일 동안 피어 있다고 해서
백일홍百日紅이다.
이에 비하면 나팔꽃이나 채송화는 기껏 며칠밖에 가지
못한다.
어릴 적 생각이 나서 화분에 백일홍 씨앗을 심었더니
과연 싹이 트고 꽃이 피어났다.
명불허전名不虛傳. 꽃이 정말 오래간다.
한 달이 가고, 두 달이 가까워 올 무렵,
처음 피어난 꽃은 색이 바래기 시작했다.
까칠하고 허옇게 시든 상태에서 겨우 꽃 모양만 유지하고
있다. 그래도 여전히 붙어 있다. 그래서 문득 생각한다.
오래 피어 있다고 해서 좋은 것이 아니구나….

선생님

★   지나친 학대행위에 몰두하던 대중들이 어느 날 갑자기

지나친 보상으로 돌아선 예가 바로 무속^{巫俗}이다.

여기에는 역술^{易術}과 풍수^{風水}도 포함된다.

무속인들은 오랜 세월 음지에서 버섯처럼 살아가야 했다.

조선조 시대에는 하위계층에 속했다.

식민지 시절의 극심한 탄압에서도 살아남아 마침내

시민권을 회복한 것은 최근의 일이다.

지금 이들은 '예술인' 또는 '선생님'으로 불린다.

진짜 선생님들이 이들을 은밀히 찾아 머리를 조아린다.

선생님은 이들에게 선거 결과와 국가의 운명까지 귀띔해

준다.

사실

★　금강산에서 남쪽 관광객이 총에 맞아 사망했다.
　　사업 주관기업 측에서는 관광객을 상대로 안전 교육을
　　실시하고 있다고 강변한다.
　　피해자 측 관광객들은 교육을 받은 기억이 없다고
　　증언한다.
　　예비군 훈련장의 풍경을 상기해 보면,
　　아마 둘 다 사실일 것이다.

　　정부 부처의 유능한 고위직이 갑자기 경질된다.
　　당사자는 권력 핵심 실세로부터 외압이 있었다고 주장한다.
　　권력 핵심 실세는 외압을 행한 적이 없다고 주장한다.
　　해묵은 조직의 생리를 상기해 보면,
　　아마 둘 다 사실일 것이다.

민주사회

★　시위 현장. 시위가 격렬해지면서 시민과 전경 모두
　수십 명의 부상자가 발생해 병원으로 이송된다.
　전경은 시위대에게 돌멩이와 손목 두께 크기의 건전지,
　모래가 담긴 물병, 조그만 쇳덩이, 볼트, 소화기, 아령 등을
　마구잡이로 던졌다. 애꿎은 시민들의 부상이 속출한다.
　민주사회에서 우째 이런 일이 ….
　평소에 어디에 숨겨 두었는지 전경 대장도 감쪽같이
　몰랐다고 한다.
　이것은 모두 시민들이 전경에게 던진 것이다.

　있는 사람들은 존중하지 않는다.
　없는 사람들은 존경하지 않는다.
　고급차일수록 깜빡이를 켜지 않는다.
　횡단보도의 보행자는 달려오는 차를 쳐다보지 않는다.
　휴대전화만 들여다보고 있다.
　있는 사람들은 존경받을 짓을 하지 않는다.

없는 사람들은 존중받을 짓을 하지 않는다.

서로가 서로에게 영令이 서지 않는다.

달면 삼키고 쓰면 뱉는다.

어떤 제도도 유효하지 않다.

한반도의 민주사史는

존중받을 자와 존경받을 자의 갈등으로 점철되어 있다.

구조조정

★ 방송사의 상부 조직이 TV, 라디오, 뉴미디어, 해외 … 로
   되어 있다면, 이것은 분야에 따라 나눈 것이다.
   편성, 제작, 기술, 경영으로 되어 있다면, 이것은 기능에
   따라 나눈 것이다.
   지난 30여 년 동안, 거의 2년에 한 번씩 '분야'와 '기능'을
   시계추처럼 오가는 조직개편을 단행한 방송사도 있다.
   조직이 문제의 핵심이 아니라는 것을 역설적으로
   증명하면서
   모든 분야에서 지금도 여전히 조직개편은 단행된다.
   조직축소 방안을 수립하기 위해 구조조정위원회,
   그 산하 기구로 구조조정 실무추진본부, 그 밑에 자료국,
   조정국, 노사국, 총무국, 해외국을 신설해서 진지하게
   연구하기도 한다.

천지창조

★ 암사자가 얼룩말을 잡아 쓰러뜨린다. 수사자 두 마리를
포함한 일족 10여 마리가 달려들어 산 채로 뜯어 먹는다.
얼룩말은 마지막 비명과 슬픈 눈빛을 남기고 숨이
끊어진다. 사자들은 피투성이의 아귀 얼굴이 된다.
세상을 이토록 아름답게 창조했으면서 왜 동물들이 생명을
유지하기 위해 서로를 뜯어 먹게 만들었을까?
생태계의 균형을 위해서 피치 못할 사정이 있다지만, 다른
방법은 없었을까? 그의 눈에는 이것이 그렇게 '보기에'
좋았던가?

진화 進化

★ 치타가 번개 같은 속도로 가젤을 쫓아 잡아먹는다.

쫓고 쫓기는 모습을 보고 있노라면, 가젤의 속도가 2% 가량 모자란 것을 유추할 수 있다. 그래야만 치타가 잡아먹을 수 있으므로…….

가젤을 잡아먹기 위해 치타는 최적의 조건으로 진화했다.

그러면 가젤 쪽은 어떤가?

더욱 분발해서 2%의 차이를 극복했어야 하지 않았을까?

뭔가 절실한 상태에서 진화가 시작된다면, 절실하기는 둘 다 마찬가지다. 오히려 잡아먹히는 가젤 쪽이 절실해도 한참 더 절실하다.

쫓는 자는 진화하고 쫓기는 자는 진화하지 않는다면 뭔가 아귀가 맞지 않는다.

경찰과 성매매조직의 관계를 보면, 진화는 항상 강자 또는 쫓는 자 쪽에만 적용되지는 않았다.

앞으로 가젤도 열심히 진화해서 미세한 속도의 차이를 극복해야 마땅하지 않을까?

단상, 혹은 연상

그렇게 되면 치타가 또 멸종하고 만다.

2%의 차이를 설정하고 계속 유지해 가는 지적^{知的}인

설계가 있다는 것이 더 설득력이 있다.

사족蛇足

★ 휴대폰이 끝없이 진화하고 있다고 한다.

진화의 기본 정신은, 생체가 생존에 적합하도록

몸을 업그레이드하는 데 있다.

진화된 생물은 그렇지 않은 생물에 비해 우월하다고

간주된다.

진화進化의 반대말은 퇴화退化다. 뭔가가 차츰 쓸모없어져

열등한 상태로 떨어지는 것을 말한다.

그 예로 뱀의 다리足를 들 수 있는데, 이 불쌍한 기관은

필요가 없어져 점점 줄어들다가 지금은 몸속으로 숨어

버렸다는 것이 학계의 정설이다. 고래의 뒷다리도 사정은

비슷하다.

고래의 선조는 육지에서 개 모양을 하고 살다가 바다로

들어갔으니 퇴화의 이유가 조금은 성립된다. 물속에서

다리는 그다지 쓸모가 없었을 것이다.

그러나 뱀은 다소 모호하다. 그때나 지금이나 이들의

활동무대는 지표면이다. 아마도 우리가 알 수 없는

자연환경의 급변과 그로 인한 유전체의 변이가
원인이었는지도 모른다. 땅속 좁은 굴로 들어가야 할
필요가 생겼는지도 모른다. 그 결과 눈에 띄지 않고
풀숲을 미끄러져 다니는 스텔스 기능까지 부산물로
얻게 되었으니 불만은 없다.

그러나 이것도 뭔가 아귀가 맞질 않는다. 동일한 상황에
처해서 분발하고 유혹을 느낀 것은 비단 뱀만은 아닐
것이다. 도마뱀이나 악어라고 해서 왜 그런 생각을 안
했겠는가?
오가피 역시 나무 꼭대기의 잎을 먹을 수 있는 기린의
긴 목이 부럽지 않았을 리 없다. 그러나 유전체 변이는
기린에게만 일어났다. 몸 전체를 덮고 있는 긴 독침,
맹수의 이빨로부터 몸을 지켜주는 호저豪豬. 포큐파인의
치명적인 무기가 사슴은 왜 부럽지 않았을까.
동양 전설 속의 용龍이 뱀의 후손인지 공룡恐龍의
후손인지는 알 수 없으나, 용은 위력적인 당당한 다리를
가진 동물로 그려진다. 고구려 고분 벽화를 비롯해 수많은
곳에 모습을 남기고 있는 것으로 보아, 용은 고집스럽게
제 갈 길을 간 뱀의 일족으로 보인다.
다리도 진화의 산물일진대, 그동안 들인 시간과 노력이

아까워서라도 그대로 살아가면 되지 않았을까? 굳이
자신의 멀쩡한 다리를 장애로 만들면서까지(요즘 같은
외모지상주의 시대에 우아함을 희생하면서까지) 엽기적
진화를 감내할 필요가 있었을까?

만약 뱀의 다리가 활발히 작동하고 있을 때까지의 진화를
순順방향 진화(플러스 진화), 뱀의 다리가 점점 퇴화돼
가는 진화를 역逆방향 진화(마이너스 진화)라고 한다면,
언제인지는 알 수 없으나, 순방향이 역방향으로 바뀐
시점이 분명히 있을 것이다. 그 시점을 경계로 하여 바로
직전은 순방향 진화의 최절정기라 할 수 있다.
이 시기는 나름대로 생체가 자연환경에 가장 잘 적응하도록
개선돼 '더도 덜도 말고 지금처럼만 같아라' 단계에
해당된다.
물론 더 욕심을 낼 수도 있었겠으나, 살아가는 데 불편이
없도록 최상의 이노베이션이 이루어진 상태였을 것이다.
그런데 왜 뱀과 고래에게만 바람의 방향이 바뀌었을까?
공룡의 멸종 원인을, 스스로도 주체할 수 없이 커져 버린
몸체라고 주장하는 학자도 있다.
그러나 잘 알려졌듯이 공룡은 그 거추장스런 몸뚱이로
수천만 년을 잘 살았다. 수천 년이 아니라, 무려 수천'만'

년이다. 그동안 별 탈 없이 몸집이 커졌다면 거기엔
그럴 만한 진화의 논리가 있었을 것이다.
단지 몸집이 범인이라면 소행성의 충돌로 멸망하기 훨씬
이전에 그중 현명한 공룡 한 마리가 뱀처럼 역방향 진화를
시작해 몸을 축소시켰어야 옳다. 전설 속의 거인족族은
현명하게도 몸 크기를 자꾸 줄여 지금의 현대인이 되었다.
다리만 놓고 볼 때 '퇴화의 진화'라는 이상한 말이 성립되는
이 미스터리의 전말顚末을 우리는 알 수 없다.
다만 그럼에도 불구하고 결과가 극히 성공적이었다는 점은
확인할 수 있다. 고래는 몸집이 점점 커지면서 바다의 왕이
되었고, 다리를 쓰지 않는 뱀은 최초의 인류 두 사람을
유혹할 만큼 머리가 좋아지면서 성경에까지 등장한다.
결국 이들 퇴화된 다리를 가진 뱀과 고래는 그렇지 않은
선조에 대해 '우월하다'.

진화야말로 에너지가 필요하다.
퇴화도 진화의 한 형태라는 사실은 억울한 혐의를 받고
있는 뱀만의 고민은 아니다.
인류 사회도 몇 단계를 거쳐 진화해 왔다고 한다.
그 첫 단계는, 원시 공산사회였다는 것이 정설이다. 여기서
말하는 공산사회는, 빨갱이 사회가 아니라, 글자 그대로

모든 사람이 함께 생산하고 함께 나누던 사회라는 뜻이다.
물론 아무도 직접 본 사람은 없으니 실상이 어땠는지는
알 수가 없다. 그러나 통상적으로 그랬음 직한 개연성은
충분하다. 국회도 없고, 스마트폰도 없었으니 서로 헐뜯고
중상 모략할 필요도 없었을 것이다. 누구나 배만 부르면
행복하고 서로를 위해 주는 이상적인 에덴동산이었을
것이다.

그 이후엔 학교에서 배운 대로 전제왕권 사회, 귀족봉건
사회, 절대군주 사회, 자본주의 사회, 시민대중 사회,
첨단 IT 사회 … 그밖에 또 많은 이름의 사회들이 전개된다.
그러나 이 기간 동안 인류의 삶이 더 나아졌다는 증거는
어디에도 보이지 않는다. 불평등과 폭력과 착취와 이기심이
심화되면서 점점 더 불안해지고 있다는 것이 중론이다.

불완전한 상태에서 조금이라도 완전한 상태로의 상향
조정이 진화라면, 인류의 진화는 진화이론에 맞지 않는다.
바로 옆 동네 백화점에 갈 때도 자동차를 몰고 가는
현대인들의 다리가 점점 퇴화돼 엉덩이 속으로 숨었다고
해서(물론 당연히 퇴화되겠지만), 이것을 진화라 할 수
있을까?
원시 공산사회는 첫 순서가 아니라 당연히 더 이상의

진화가 필요 없는 맨 마지막 순서에 와야 맞다. 현대의 공산주의는 이 시대를 최종 모델로 하여 폭력 혁명을 정당화했다. 사회주의를 거쳐 완전한 공산사회로 가겠다는 것이 이들의 주장이다.

뿐만 아니라 동서고금의 각종 '도사님'들이 한결같이 지목하는 곳도, 유토피아에 대한 명칭만 다를 뿐, 모두 '이곳'이다. 물론 그 때문에 전 재산을 날리거나 자살한 사람이 적지 않지만….

1960년대에 세계를 휩쓴 히피족도 잠시 원시인 흉내를 내다가 결국 넥타이 맨 중년으로 되돌아갔다. 이들의 행태는 진화이론에 맞기도 하고 틀리기도 하다. 최종적으로 도달해야 할 곳이 벌거벗고 살던 원시사회라면 현대문명은 도대체 무엇에 쓰는 물건인가….

과연 인류사회가 이상적인 종착점을 향해 꾸준히 진화하고 있다는 역사관은 옳은 것일까? 원시 공산사회는 순방향 진화의 절정기였던 것일까? 혹시 그 시점을 경계로 하여 인류사회가 역방향 진화로 접어든 것은 아닐까? 아니면 아예 진화이론이 잘못되어 있는 것은 아닌가?

이런 저런 이유로, 시간이 갈수록 인간은 진화한다는 굳건한 믿음도 흔들린다. 퇴화의 진화가 어떤 모습으로 진행될지, 언제 그 정점을 찍을지, 그 과정에서 인류가 어떤 경험을 할지 미스터리다.

애꿎은 다리를 퇴화시킨 뱀의 유혹에 넘어가 인류가

이상한 과일을 따먹었기 때문인지도 모른다.

사족蛇足 한 마디. 사족畵蛇添足의 일화가 중국 전국책戰國策에

나오고, 그 시기는 대략 기원전 4세기 전후라 하니

그때까지 뱀은 다리를 갖고 있었다고 한번 우겨 볼 만하다.

초楚나라 사람이 어느 날 제사가 끝난 뒤 남은 술을 하인들에게

주었다. 하인들이 모여 보니 술의 양이 많지 않았다. 이에 한

사람이 나서서 말하길,

"어차피 부족한 술이니 나눠 마시지 말고 한 사람에게 다 줍시다.

지금부터 뱀을 그려서 가장 먼저 그린 사람에게 몰아주는 게

어떻겠소?"

사람들이 고개를 끄덕이고 열심히 뱀을 그리기 시작했는데, 얼마

후 한 사람이 의기양양하게 말했다.

"자, 내가 가장 먼저 그렸으니 술은 내 것이오."

말을 마친 그가 술병에 손을 대려 하자 옆에 있던 사람이

가로막고 말했다.

"그렇지 않소. 당신이 그린 뱀에는 다리가 있으니 어찌 뱀이라 할

수 있겠소? 그러니 술은 내 것이오."

이때부터 쓸데없이 덧붙인 일 또는 군더더기를 가리켜
사족蛇足이라 부르게 되었다는 잘 알려진 고사성어 ….
그 억울한 하인은 어디선가 다리 달린 뱀을 봤기에
그림으로 그리지 않았을까?
사족의 사족蛇足: 그럴 필요 없다. 모두가 머리띠 두르고
떼를 쓰면 뱀의 다리는 나오게 되어 있다.

단상, 혹은 연상

좋은 사람

★ 세상은 좋은 나라와 나쁜 나라로 구성되어 있다.
틀렸다. 좋은 사람과 나쁜 사람으로 구성되어 있다.
기업은 대기업과 중소기업으로 구성되어 있다.
틀렸다. 좋은 기업과 나쁜 기업으로 구성되어 있다.
인간은 좋은 인간과 나쁜 인간으로 구성되어 있다.
틀렸다. 좋은 부분과 나쁜 부분으로 구성되어 있다.

결혼식

★ 100년 전 미국 사회를 살다 간 '비어스'라는 사람에 의하면, 결혼結婚은 "주인 한 사람, 주부 한 사람, 거기다 노예 두 사람으로 구성되지만, 결국은 전부 합쳐 두 사람이 되고 마는 공동체의 상태 또는 경우"라고 한다. 비어스가 한국 땅에 태어났으면 그는 '결혼식'을 이렇게 정의했을 것이다….

결혼식 1: 평소에는 경찰이 무서워 함부로 남의 돈을 갈취할 수 없던 사람이 불쌍한 자녀를 미끼로 합법적인 모금행위를 하는 교묘한 의식이자 신종 보험.

결혼식 2: 태연하고 의젓한 몸가짐, 그리고 비교적 말쑥한 의상만 준비할 수 있다면 하루의 점심을 훌륭히 해결할 수 있는 소란한 현장.

결혼식 3: 공교롭게도 오랜 라이벌 사이인 두 가문이

그동안의 탐색기간을 끝내고 마침내 만천하의 공개된
장소에서 서로의 힘을 겨룰 수밖에 없는 딱한 전쟁터.

결혼식 4: 평소에 마주치지 않기를 은근히 희망하던
빚쟁이나 학창시절 왕따의 주인공을 우연히 만나 어색한
미소로 지난 과거를 서로 반성하는 공인된 재판정.

결혼식 5: 눈도장 찍는 데만 관심이 있어 깜빡 신랑신부의
이름을 확인하지 못한 탓으로 결혼 장소를 찾지 못해
헤맬 수도 있는 경매장.

결혼식 6: 신랑신부라는 재료와 축하객이라는 양념을
무질서하게 버무려 한 시간에 하나씩 밀봉해 내는 통조림
제조공정.

결혼식 7: 강요에 의해 파뿌리가 되도록 서로 사랑하겠노라
굳은 서약을 하지만, 언제 또 비슷한 장소에 다시 설지
장담할 수 없는 불안정한 MT 의식 ….

개혁

★ 개혁改革 1: 새로 파워를 갖게 된 사람이 과거의 파워 그룹에 대해 들키지 않고 보복할 수 있게 해주는 수단.

개혁改革 2: 제사祭祀나 그 비슷한 의례에 서툰 신세대 형제가 제사상 위의 북어포 머리 방향을 놓고 끝내 충돌하고 마는 일련의 답답한 과정.

개혁改革 3: 물질적으로나 정신적으로 존경심을 보이지 않는 기업인에 대해 권력을 가진 쪽이 내리는 정의의 철퇴.

개혁改革 4: 돈이 주체할 수 없이 많아진 부자가 한여름에 부인에게 가죽 털옷을 또 선물함으로써 글자 자체의 본뜻을 실천하는 것.

개혁改革 5: 엄청난 의욕으로 극장 앞에 줄 선 사람들의 순서를 이리저리 바꿔 보지만, 줄 선 사람들의 총량이나 무질서에 하등의 변화가 없는 허탈한 의식….

열린 교육

★   열린 교육을 하자고 외치는 사람들도 소싯적에는 모두
     '닫힌 교육'을 받고 자란 사람들이다.
     이들이 열린 교육에 눈을 뜨는 것을 보면, 닫힌 교육도
     최소한 한 가지는 기여를 한 게 분명하다. 닫힌 교육의
     폐해를 알아보는 '열린 사고'를 촉진시켰기 때문이다.
     그렇다면 우리 교육의 문제점은 '닫힌 교육'에 있지만은
     않다.
     암기暗記교육은 인간을 획일화, 무개성화한다는 점에서
     오랜 동안 지탄을 받아 온 닫힌 교육방식이다.
     그러나 이것은 우리 뇌의 놀라운 창조력과 가능성을
     간과한 소치가 아닌가 한다. 암기를 통해 머릿속에
     주입된 지식들은 우리가 잠든 사이에도 쉬지 않고 일하는
     뇌세포들에 의해 놀라운 창작품으로 변한다.
     그러지 않고서는 동양의 한문, 서양의 라틴어 암기교육을
     받은 위인들이 왜 그토록 위대한 창조력을 발휘했는지
     설명할 길이 없다.

증명

★   인류는 오랫동안 신神이 있다는 것을 증명하려 했으나,
실패했다.
그 후로 또 오랫동안 신이 없다는 것을 증명하려 했으나,
역시 실패했다.
신 역시 오랫동안 인류를 증명하려 했으나 실패했다.

신앙Belief은 신神의 유무有無를 논한다.
종교Religion는 신神의 종류를 논한다.
신앙인은 신神이 존재한다고 믿는 사람이다.
종교인은 그 신神의 색깔을 구별하는 신앙인이다.
신앙 없는 종교인도 있고, 종교 없는 신앙인도 있다.
기독교도와 불교도와 기타 종교 신자들을 모두 합치면
한국의 전체 인구보다 30% 가량 많아진다고 한다.

신神

★   유대의 신神이 겨우 하나인 데 반해 동아시아는 풍요롭다.

중국과 일본은 최소한 수천에서 1만 2천에 달하는 신을

갖고 있다. 한국도 그동안 많이 줄긴 했으나 수백의 신이

도처에 살고 있다.

이들은 왼손이 하는 일을 오른손이 모른다.

남경南京의 신이 중국인의 머리를 베는 동안,

동경東京의 신은 호주에서 선물 받은 코알라 한 마리의

죽음에

목이 멘다.

부엌의 신은 채식을 권한다.

안방의 신은 육식을 권하고,

마루의 신은 혼식을 권한다.

무엇을 먹어도 마음이 편하다.

신은 여의도에도 있고, 태평로에도 있고,

국회에도 있고, 국립묘지에도 있다.

단상, 혹은 연상

우상 偶像

★　보면 보이지 않지만, 보지 않으면 보인다. 인정하면
사라지지만, 인정하지 않으면 나타난다.
혼자 다락방에 엎드려 책갈피에 눈길을 주고 있을 때
'나비'란 놈이 살며시 다가왔다. 한여름 밤, 자정이 훨씬
지난 시각이다. 그때 바람은 불지 않았다. 가끔 앞집에서
들려오는 오랜 기침소리를 제외하면 주위는 섬뜩하게
고요하다.
녀석은 몸을 비비더니 작은 머리를 외로 꼬며 아는 체를
한다. 함께 장난치던 아이들이 잠들고 나니 심심하고 다소
외로운 거겠지. 아니, 실상 고양이의 본질은 심심하고
외로운 것이다⋯.
나이도 어린 놈이 수염은 뻣뻣하고, 눈망울은 노랗게 타고
있다. 한 줌밖에 되지 않지만 참으로 아름다운 생물이다.
〈봄은 고양이로다〉의 시인 고월古月 이장희李章熙, 1900~1929는
그 섬뜩한 은밀함을 이렇게 읊었다.
"금방울과 같이 호동그란 고양이의 눈에

미친 봄의 불길이 흐르도다."
한동안 치근대던 녀석은 시큰둥해지면서 어느 한곳을
주시하기 시작한다.

그런데 녀석이 오늘은 좀 수상하다. 허공에 초점을
맞추더니 무언가를 움켜쥐듯 펄쩍펄쩍 뛰어오른다.
등줄기의 털도 곤두서 있다. 그때마다 노리끼리한 발톱이
앙증맞게 허공을 할퀸다. 새로 개발한 장난치고는 좀
격렬하군….
퍼뜩 정신을 차려 보니 방에는 모기나 파리나 바퀴벌레
비슷한 것들은 없다. 담배 연기도 흩어진 지 오래다.
그러자 약간의 각성이 온다. 아, 이 방에 영靈이 있구나….
고양이를 보고 영물靈物이라 한다. 사람 눈에 보이지 않는
어떤 존재가 녀석의 눈에는 보이는 모양이다. 녀석은 지금
영을 좇고 있는 것이 틀림없다.
순간 뒤통수가 약간 서늘해졌다. 어떤 오갈 데 없는
영혼이 이 방에 잠시 쉬러 들렀단 말인가.

젊음과 이성理性의 끝자락에서 사람들은 흔히 초자연의
세계와 조우遭遇한다. 무소불위無所不爲의 과학에 자주
배반당하고, 젊음의 기만성에 뒤늦게 눈을 뜨는 순간,

사람들은 똑똑함의 항복문서에 서명하고 조금은
겸손해진다.

미물微物 속에 숨어 있는 초능력이 눈에 들어오는 것은
이때부터다. 초超 또는 슈퍼Super는 어쩔 수 없이 인간의
기준이 잣대가 될 수밖에 없다.

동물은 아무 죄도 없다. 그들은 태연히 인간이 들을 수 없는
음音의 영역, 볼 수 없는 광선의 영역, 도달할 수 없는 힘과
스피드의 영역을 자주 넘나든다.

고래의 저음파低音波는 바닷물을 타고 지구 반대편에 이른다.
물론 사람은 들을 수 없다. 사냥개의 후각은 며칠 전에
지나간 너구리의 흔적을 맹렬히 찾아낸다.

지구의 북반구에서 출생한 철새나 가오리는 수개월
뒤 초행길의 남반구 섬에 어김없이 도착한다. 지구의
자기장磁氣場을 수신하는 안테나가 머릿속에 들어 있기
때문이라 한다. 연어나 거북도 마찬가지.

월남전 때 군수용軍需用으로 지원된 몽골의 조랑말이 몇 달
뒤 피골이 상접한 모습으로 다시 몽골로 돌아온 적도 있다.
동굴 속의 박쥐는 초음파로 날벌레의 위치를 읽어 내고,
꿀벌은 자尺와 계산기 없이도 정확한 6각형을 만들어 낸다.

이런 현상을 접하는 현대인들의 심경은 복잡할 뿐만

아니라 섬뜩하다. 그 섬뜩함은 동물의 IQ가 낮을수록,
표독스러움과 엽기성이 강할수록, 비非사교적이고 기괴한
형상일수록 더욱 커진다.

하등동물은 어디까지나 하등동물이어야 하는데, 왜
이들에게 이런 초능력이 숨어 있는 것일까. 이들이 혹시
우리가 아는 단순한 동물이 아닌 것 아닐까.

인간의 이성과 과학으로는 도저히 설명할 수 없는 신비의
세계가 확인되는 순간, '하등동물'은 마침내 신전神殿에
모셔지고 우상偶像에의 경배가 시작된다.

우상이란 사람이 만든 꼭두각시 인형을 말하는데,
배우자配偶者 우偶에는 '짝'이란 뜻 외에 허수아비란 뜻도
있다.

고대 이집트는 우상이 많은 것으로도 유명하다.

대충 검색을 해봐도, 아누비스라는 늑대 신神, 바스트라는
고양이 신, 세베크라는 악어 신, 아피스라는 성우聖牛 외에
치타, 코브라, 코끼리 등 동물원 하나를 차리고도 남을
만큼의 동물 신들이 등장한다.

인도의 힌두교 사원엔 각자의 강점만을 취합한 정체불명의
괴물도 자주 출몰한다. 예컨대 악어 머리에 사자의 이빨을
한 물소, 고양이 꼬리에 코끼리의 코를 단 호랑이, 독수리의
눈에 타조의 발톱을 가진 박쥐 … .

한반도에는 물론 곰과 호랑이, 세발 달린 까마귀三足鳥가
있다.

동물만 경배의 대상이 되는 것은 아니다.
태양, 달月, 별, 혜성, 호수, 동굴, 3천 년 묵은 고목古木,
해발 8천 미터의 거봉巨峰, 거대한 바위 등도 단골 메뉴다.
우상숭배는 동물 숫자만큼의 토속신앙이 왜 존재하는지를
설명해 주기도 하지만, 현대가 왜 현대인지를 암시해 준다.
현대의 정력精力 애호가들은 자주 코브라와 곰의 쓸개,
수사슴의 피, 물개의 거시기, 코뿔소의 뿔, 사람 모습의
산삼山蔘 등에 경배하기 위해 거금을 내던진다. 무한 파워를
차용하기 위해서이다.
TV 브라운관 속에는 아이돌Idol, 우상이란 이름의 우상이
모두 모여 있다. 영화배우, 탤런트, 가수, 스포츠맨, 예술인,
역술인, 정치꾼…. 스타라는 이름이 붙는 이들은 천부의
재능을 무기로 구름처럼 많은 경배자들을 몰고 다닌다.
박쥐와 거미가 변신한 초능력 배트맨과 스파이더맨은
어른 아이 할 것 없이 모두의 우상이다.
할리우드뿐만 아니라 첨단 과학기술의 본산인 NASA
직원들은 몸에 부적을 서너 개씩 차고 다닌다. 지구상에서
가장 이성적이라는 프랑스인들도 별점과 터부와 미신에

목을 맨다. 영악하다는 이웃 나라 국민들은 1만 수천에
달하는 잡신 속에서 마음의 평정을 찾는다.
냉철한 이성과 과학이란 것이 실상은 속 빈
강정처럼 — 그저 강하기만 한 쇠로 알려진
무쇠粗鋼처럼 — 별것 아닌 충격에 더 쉽게 부러진다는
역설逆說의 현장이다.

아이돌에 환호하는 우리들 보통사람의 심경 역시 한편으론
편치 않다. 다 같은 만물의 영장인데, 그럼 우리는 도대체
뭐란 말인가? 왜 우리에게는 잘난 존재를 향해 경배할
권리밖에는 주어지지 않았을까.
그러나 실망하기에는 조금 이르다.
초능력이 모두 경배의 대상이 되는 것은 아니다.
미국의 우편번호부를 통째로 외우고, 수백 년 전의 그날이
무슨 요일이었는지 순식간에 대답하는 천재가 있다.
오늘은 그날로부터 몇일째인지를 단 몇 초 만에 계산해
내고, 그동안 읽은 1만여 권의 책을 글자 한 자 틀리지 않고
암송하기도 한다. 영화 〈레인맨〉에서 더스틴 호프만이
분扮한 자폐증 환자의 실존 모델 킴 픽Kim Peek, 1951~
스토리이다.
그러나 아쉽게도 레인맨은 혼자서는 횡단보도도 건너지

못하고 무서워서 비행기도 타지 못한다.

비슷한 예로, 한 번 가본 장소가 어디든 다시 정확히
찾아가는 카메라 기자도 있다. 그의 길눈은 거의
내비게이션 수준이어서 2년 전에 잠깐 들른 지방 소도시의
복잡한 골목길 담배 가게를 찾아낸다.

처음으로 헝가리 부다페스트 공항에 내렸을 때, 그는 시내
지도를 하나 샀고, 길을 잃고 헤매는 헝가리인 운전기사를
손짓 발짓으로 마구 '야단'치면서 호텔을 찾아 들어갔다.
비상한 공간 지각력이라 할 수 있다. 그러나 아쉽게도 이
초능력의 소유자는 길을 찾을 때만 슈퍼맨이 된다. 그는
한때 카메라를 호텔 방에 두고 나온 적도 있다.

신화神話 속의 신神은 전설 속에서 한 꺼풀 벗겨지고, 역사
속에서 또 한 꺼풀 벗겨지며, 마침내 현실 속에서 마지막
꺼풀이 벗겨질 것이다. 그리고 인간의 조건을 어쩌지 못해
고뇌하는 그저 평범한 '사람'으로 돌아올 것이다.
현대의 '아프로디테'라는 미스 유니버스도 가끔 방귀를
참지 못해 괴로워하지 않았겠는가. 실상 이들은 아무 죄도
없다.
백 보를 양보해 고양이가 영靈을 볼 수 있다 해도, 고양이는
그저 고양이의 조건을 어쩌지 못해 바장이는 동물에

불과하다. 고양이는 결코 영을 붙잡을 수 없고, 영도 결코
고양이를 해코지할 수 없다.

화면 속의 슈퍼맨은 그저 슈퍼맨일 뿐, 아이돌은 그저
아이돌일 뿐, 타이거 우즈는 그저 골프를 잘 치는 남자일
뿐, 그들을 인생의 사부師父로 삼아야 할 이유는 별로
없다. 조물주가 이들에게 선물한 특수한 능력을 흔쾌히
인정한다면, 고양이가 인간이 볼 수 없는 주파수의 물체를
보는 영물靈物이 되어도 괜찮다.

이래서 비로소 안심이 되고, 다시 작은 깨달음이 온다.

신화神話란 알 수 없는 것이 아니라, 알 필요가 없는 것이다.
그냥 인정해 주고 함께하면 되는 것이다. 실체를 인정해
줄 때, 실체를 벗어나지 않게 된다. 그러지 않으면 이상한
우상이 되어 허공을 떠다닌다. 동물 앞에서 한 줌밖에 되지
않는 인간의 자존심을 걸고 발버둥 치다 보면 고양이에게
경배하는 우스꽝스런 현상이 벌어진다.

산은 산이요, 물은 물이란 화두를 던지고 입적한 고승高僧의
뜻을 헤아리긴 어렵지만, 초능력은 어디까지나 초능력,
그 이상도 이하도 아니라는 확고한 믿음이 있어 우리들
보통사람은 평안을 되찾는다.

동물도 인간의 이성과 언어를 인정하기에 그냥 마음 편히
동물의 세계에 안주하고 있는 것 아니겠는가.

그러자 고양이가 다시 '나비'로 돌아왔다.

나비는 어느새 가늘고 애처로운 야옹 소리를 남긴 채
캄캄한 옥상으로 가버렸다. 쥐를 잡기엔 아직 어리므로
녀석은 어둠 속에서 또 다른 외로운 영혼을 응시하고
있을 것이다.

세수하느라 눈을 감고 퍼덕이고 있을 때 목덜미가
서늘해지면 영靈이 함께한 것으로 알아도 좋다.

고양이 같은 동물에 섬뜩함과는 가장 거리가 멀고
우아하기 그지없는 '나비'란 이름을 붙인 조상들의
지혜는 역설적으로 절묘하다.

개미

★ 인식의 전환이 쉽지는 않다.

"몸길이 800미터, 폭 15미터의 거대한 생물이 숲을 휩쓸고

지나간다…."

다큐멘터리 프로를 보는 순간 뒤늦게 '아! 개미…'란

생각이 들었다.

아마존의 병정개미들은 무섭다.

그 앞의 모든 곤충들을 조각내면서 전진하기 때문에

뱀도 피해 간다고 한다.

그러나 우리의 인식 속에서 개미는 언제까지나 그저 하찮은

미물에 머물러 있다.

개미는 원래 코끼리보다 더 컸으나

평소엔 작게 쪼개져서 살아간다. 촛불시위대처럼.

유엔 회원국

★ 거의 200개에 육박하는 유엔 회원국은
'축구를 잘하는 나라'와 '축구만 잘하는 나라'로 대별된다.
나머지를 '축구를 못하는 나라'와
'축구도 못하는 나라'가 차지한다.
고교 야구와 기업도 동일하다.

씨름

★　'스모'로 알려진 일본의 씨름은 상대를 원 밖으로 밀어내면 이긴다. 다소 싱거운 원심력遠心力의 원리이다. 여자아이들 싸움 같기도 한데 1초도 안 돼 끝나는 경우가 있다. 가끔 서로 격돌하다가 어긋나기 때문이다.

골칫거리 '이지메'의 원조 나라답게 야쿠자들도 조직 밖으로 밀어내는 '추방'을 가장 두려워한다고 한다. 학교나 직장에서도 비슷한 일이 벌어진다.

커티스 존슨(34)이라는 미주 흑인은 키 2미터 33센티미터에 몸무게 190킬로그램, 신발 사이즈 400밀리미터의 거구로 한국 씨름에 푹 빠져 있다. 씨름의 매력에 대해 존슨은 "어떤 스포츠보다도 예의 바른polite 종목이고 운동의 원리도 과학적이다"라고 답한다.

"씨름 경기에서는 이긴 선수가 넘어진 선수에게 손을 내밀어 일으켜 세워 주는 게 예절이다. 그간 농구, 미식축구, 야구 등 여러 스포츠를 접했지만 이처럼 패자를 배려하는 종목은 보지 못했다. 인간미가 느껴진다"는 게 그의 설명이다.

문제는 한국의 씨름이 일반적인 격투기와는 전혀 다른 룰Rule에서 출발한다는 데 있다. 스모나 유도는 서로 떨어진 채 격돌하므로 자신에게 유리하게 상대를 틀어잡는 기술이 중요하다. 이들 종목의 승패는 상대를 잡는 순간 거의 결정된다. 그러나 한국의 씨름은 처음부터 상대를 틀어잡은 형태, 즉 샅바 잡기를 통해 서로에게 엄격히 종속된 형태로 시작된다. 치명적인 기술을 발휘할 여지도, 그것을 걱정할 필요도 없다. 그만큼 씨름의 승패는 완전한 상호존중 평등의식 속에서 결정된다.

그러나 기술을 발휘할 여지가 전혀 없는 것은 아니다. 이른바 샅바 싸움이란 것으로, 엉덩이를 되도록 뒤로 빼 상대가 샅바를 잡지 못하게 할수록 유리하다. 샅바를 잡아야 성립되는 게임에서 샅바를 잡지 못하게 하는 기술이 발달한다. 심판은 두 선수가 어떻게든 샅바를 무사히 잡도록 도와주느라 진땀을 흘린다.

스포츠라기보다는 공정fair하지 않은 룰이 용인되는 격투기이자 인간미 넘치는 전쟁에 더 가깝다. 칼을 떨어뜨린 상대에게 주울 기회를 주는 기사도나 무사도는 원래 전쟁의 부산물이다. 그런데 생각해 보면 이것은 오히려 전쟁보다는 스포츠에 가깝다.

한국 씨름의 승자勝者는 경기가 끝난 뒤에도, 패전국보다 더 폐허가 된 승전국처럼, 바닥에 널브러져 있는 경우가 많다. 패자가 움켜쥐고 있는 샅바 때문이다.

인간미 넘치는 구심력求心力의 원리이다.

직장이나 정치권이나 조폭組暴의 세계에서도 비슷한 일이 벌어진다.

문화

★ 프로레슬링이 스포츠인가 쇼인가 논쟁을 벌이는 것은
부질없다.
프로레슬링은 스포츠도 아니고 쇼도 아니다.
그런 형태로 자리 잡은 또 하나의 문화일 뿐이다.
촛불시위가 문화제^{文化祭}인가 시위인가 논쟁을 벌이는 것도
부질없다.
그런 형태로 자리 잡은 또 하나의 굿판일 뿐이다.
의회제도가 민주주의인가 아닌가 논쟁을 벌이는 것은
더 부질없다.
그런 형태로 자리 잡은 또 하나의 스포츠일 뿐이다.

소도둑

★ 소도둑으로 잡혀 온 사람의 변명.

"길에 새끼줄이 떨어져 있어 집어 들고 왔더니

그 뒤에 소가 따라오던데요 … ."

새끼줄을 자주 집어 들고 오는 단골 중엔 공무원과

국회의원과 시민단체들이 있다. 검사와 변호사와 교수도

있다. 시위대도 있다.

태평로 길이 넓어 모두들 그곳으로 걸었을 뿐인데 교통이

마비되더라.

소도둑의 여러 조건을 만족하는 사람은 누가 뭐래도

소도둑이다.

봉건사회의 여러 조건을 만족하는 사회는 그 명칭이야

어떻든 봉건사회이다.

세습왕조의 여러 조건을 만족하는 국가는 비록 공화국이란

명칭을 붙여도 여전히 세습왕조이다.

한글날

★ "쌩얼에도 리얼, 생기 팡팡 피부 톤업"

버스 옆구리에 붙어 있는 광고 문구이다.

한글날이 휴일에서 제외되었다가 다시 복권된 뒤에도

신문은 여전히 발행된다. 순 한글로 작성된 신문

헤드라인을 훑어보지만, 착잡한 심경이 된다.

"한국만 박대한 제2차 세계대전의 전설"

무슨 말인지 이해하기가 쉽지 않다. 태평양전쟁 당시

항일 유격전으로 공을 세운 애국지사를 한국에서만

알아주지 않고 박대하고 있다는 내용이다.

"헌재, '총리서리' 각하 결정"

총리서리에게도 '각하' 호칭을 붙였던가? 헌법재판소에서

총리서리 임명을 인정치 않기로 결정했다는 내용이다.

"제3, 4구잠수기수협서해지소 조합원 일동"

제대로 띄어쓰기를 하면 "제3, 4구 잠수기 수협^{水協}

서해^{西海} 지소^{支所} 조합원 일동"이 된다. 잠수기^{潛水器}는 헬멧,

마스크, 수중호흡기 등 수중^{水中} 장비를 말하고, 수협은

수산업협동조합의 준말이다.

"증세는 없다더니 주민세도 올리고 자동차세도 올리고…"

병 증세가 아니다. 증세增稅다.

"불타는 차에서 모자를 구한 해병"

모자帽子가 아닌 모자母子.

"검찰발표 – 사정은 굵고 짧게, 강하게 한다", "야당 – 사정은 중단되어야 한다", "검찰 – 정치권에 대한 사정을 오래 끄는 것은 좋지 않다"

이에 대한 주석은 생략.

외국어 표기 중, 어디까지가 어근이며 어디까지가 조사(토씨)인지 구분하기 쉽지 않은 경우도 많다.

"알마티로 가는 길"

'알마티'라는 곳으로 가는 길인지, '알마티로'라는 곳으로 가는 길인지….

"자이살메르만이 아니다."

'자이살메르'만이 아니다? '자이살메르만'이 아니다? '자이살메르'는 인도 북서부에 있는 작은 마을.

"누가 천천히 달려오고 있다."

소처럼 앞으로 휜 뿔이 나 있고, 갈기와 꼬리에 긴 솜털이 있어서 '뿔말'이라는 이름으로도 불리는 소과 야생동물. 윌드비스트wildebeest라고 불리며 아프리카 현지에서는 누gnu라고 부른다.

접촉사고

★   네거리에서 접촉사고가 난다.

신호가 바뀐 뒤에 진입한 30대 남성의 좌회전 소형차가 50대 여성의 외제차를 측면에서 들이받았는데 가해자와 피해자는 누가 봐도 명백하다.

다행히 파손 정도는 크지 않다.

차를 길가에 댄 다음 주인들이 내린다.

세련된 의상의 젊은이는 목을 감싸 안은 채 붉으락푸르락 계속 뜻 모를 소리를 떠들고 있다.

여성이 느릿느릿 다가가 조용히 말했다.

"저 역시 화가 좀 나긴 합니다. 댁의 차가 제 차를 받았기 때문은 아닙니다. 운전이 서툴거나 급하면 들이받을 수도 있겠지요. 누가 더 잘못을 했는지 따지려는 것도 아닙니다. 약속시간에 늦어서도 아니고, 수리비가 많이 들기 때문도 아닙니다. 또 댁이 큰소리로 화를 내고 있어서도 아닙니다."

여성은 잠시 뜸을 들이다가 말을 이었다.

"저는 차에서 내리자마자 어디 다치신 데는 없는지

여쭤봤습니다. 그리고 댁의 차가 얼마나 파손됐는지를
살펴봤습니다. 댁은 차에서 내리면서 맨 먼저 자신의 차가
얼마나 다치셨는지 살피셨습니다. 상대방 운전자가 얼마나
파손됐는지에 대해서는 아직까지도 전혀 물어보지 않고
계십니다."
남성의 흥분상태 때문에 여성의 말은 중간에 자꾸 끊겼다.

휘파람

★　　노화^{老化}라는 것은, 눈이 점점 침침해진다던가, 이빨이
　　　빠진다던가, 허리가 아프다던가, 섹스가 잘 안 된다는
　　　뜻이다.
　　　노쇠^{老衰}라는 것은 무언가 단골집이 많아진다는 뜻이다.
　　　그것도 대개 무언가를 수리하는 단골집이 많다.
　　　35년 된 단골 치과, 15년 이상 된 카메라 수리점.
　　　10년 가까이 된 구둣방, 7년 된 안경점, 6년 된 양복 수리점.
　　　그리고 8년 가까운 돼지갈비집….
　　　이곳에선 고장 난 영혼을 소주로 수리하려다가
　　　조금 더 고장 내는 일이 가끔 있다.

　　　나이가 든다는 것은 생각이 더욱 넓고 깊어진다는 뜻이
　　　아니다.
　　　원래 흩어져 있는 생각들을 이리저리 짜깁기하는 데
　　　능해진다는 뜻이다. 단어를 이리저리 짜깁기하면 언어가
　　　더욱 모호해지고 교묘해지는 것과 같다.

나이 든 어느 날 문득 휘파람 소리가 나지 않는 것을
발견하였다.
노래는 못 불러도 휘파람 하나는 자신 있던 터였다.
그래서 교묘한 기능을 가진 입술의 근육이
마침내 더 이상 필요 없는 시점이 되었음을 알았다.

자유분방함이 최신 세대의 특권이라고 생각한다면
오산이다. '클리프 리처드'의 방한 공연 때 팬티를 벗어 던진
여성도 벌써 60대가 되었다
연식이 오래되었다고 기죽을 일은 아니다.
아주 오래된 고급 외제차는 신차 시절에는 감히 쳐다보지도
못할 존재였지만, 중고 시장에서 국산 경차 값이면 구입할
수가 있다. 이런 고물을 몰고 다닐 때의 축복은, 아주 오래된
부자의 느낌을 줄 수 있다는 것이다.
노인을 존경하고 무서워해야 하는 이유는 나이를 많이
먹었기 때문이 아니다. 그에겐 만사가 그리 단순치 않다.
좋다는 것도 좋게만 보이지 않고, 나쁘다는 것도 나쁘게만
보이지 않는다. 선한 사람도 선하게만 보이지 않고 악한
사람도 악하게만 보이지 않는다. 사악함 속에서도 순수가
보이고, 순수 속에서도 사악함이 보인다.
가히 무서워할 만한 일이다.

단상, 혹은 연상

태권도

★ 영국 의회에서 여당과 야당이 마주보고 앉는 거리는
대개 칼을 뻗어 닿지 않는 거리로 설정되어 있다고 한다.
툭하면 칼부림이 났기 때문이다.
우리의 의사당에는 이런 비무장 안전지대가 설정되어
있지 않다. 설사 있다 하더라도, 대개 책상 위로 몸을 날려
'두발 장수 이단옆차기'가 들어가는 격투기적인 풍토
때문에 무용지물이 되고 만다.
태권도가 세계 각지로 퍼져 나가는 데에는 다 이유가 있다.

낯선 기억의 재구성

조직

★   인류의 조직은 둘밖에 없다.

공조직과 사조직이다.

사조직의 생명력이 훨씬 더 길다.

명明나라는 망했으나 삼합회三合會는 남아 있다.

사무라이들은 사라졌으나 야쿠자와 정당政黨은 남아 있다.

조폭 조직과 성매매 조직은 영원하다.

가출 家出

★   나의 할아버님에 대해 꼬치꼬치 캐묻지 말라.
난 도무지 아는 게 없다.
그는 20세기의 전반에 태어난 인물이고, 나는 21세기의
자랑스러운 중학생이니 말이다.
할아버님은 그 나이 또래의 훈장과도 같은 흰 수염도
없었고, 우아한 지팡이도 없는 평범한 늙은이였으나,
그의 눈빛만은 진지했다. 아니, 진지했다기보다 정열로
가득 차 있었다는 편이 보다 정확하리라. 그 회색 불꽃처럼
타오르는 두 눈을 들여다볼 때마다 나는 꼭 거기서 연기가
피어오르지나 않을까 두려워지곤 했다. 그러나 실제로
연기는 그의 코에서 나왔다.
그는 지독한 애연가였고, 또한 애처가였다. 할머님은
오래전에, 내가 태어나기도 훨씬 전에 돌아가셨지만
말이다. 허긴 돌아가시기 전에 애처가였는지는 잘
모르겠다. 어느 편인가 하면, 할머님은 존경하는
할아버님을 사랑하고, 할아버님은 나의 아버지를 사랑하고,

신일근 작,〈흔적 1〉

나의 아버지는 할머님을 사랑했지만, 나는 달랐다.

나는 어느 누구에게나 버릇없었고 막무가내로 굴었으나,

모두는 또 나를 사랑했다. 이건 굉장한 부조리였다.

각설하고 ─

이 동네에선 어느새 모르는 사람이 없는 얘깃거리에

불과하지만, 우리 할아버님은 굉장한 재주꾼이다.

이것만은 숨김없는 진실이다.

하긴 그들이 ─ 멋없이 복잡하기만 한 이 도시의

주민들이 ─ 정말로 할아버님의 재주를 이해하고 있는지는

잘 모르겠다.

아파트 관리실 아저씨만 해도 그렇지, 그는 그저

전해 들었거나 눈치로 알았거나 거기 그냥 앉아 있을

뿐이었으니까.

학교는 버스로 30분 거리였는데 매일 아침 나는 아파트

12층에서 엘리베이터를 타고 내려와 버스를 기다렸다.

편의점과 버스 정류장 서너 개를 지나면 파출소와

은행 ─ 물론 뜻 없는 사건과 사람들로 항상 초만원을

이루고 있는 ─ 이 있고, 거기서 또 15분 거리에 공기보다

먼지가 더 많은 지하철 공사장이 있었다. 학교는 거기서도

한참을 더 가야 했는데, 도시의 외곽에서 볼 때는 오히려

중심에 가까웠다.

기념우표며, 모형 비행기 부속품이며, 심부름으로 접시
세트 나부랭이를 사러 자주 가게 되는 거리의 번잡함은
내 취미에 맞았다. 그런데 그것이 전부였다.

도시의 바깥으로는 야트막한 구릉들과 무덤과 논밭이
펼쳐 있을 것이었으나, 할머님 산소에 딱 한 번 가봤을
뿐이다. 때문에 할아버님이 한때 만주 벌판을 주름잡고
다녔다는 말을 들었을 때 도저히 그 광대함이 이해가 되지
않았고, 입만 딱 벌렸을 뿐인데, 할아버님의 재주는 그때
이미 터전을 닦은 게 아닌가 한다. 할아버님이 서커스단에
있었는지 어쨌는지 얘기해 주는 사람이 아무도 없기는
하지만 말이야.

전해 오는 말로는 할아버님이 최초로 접시를 만지기 시작한
건 10년쯤 전부터라고 하는데, 정작 성공한 건 일 년 반쯤
전, 덥지도 춥지도 않은 그런 날이었다. 그때 엄마는 그곳에
없었다.

늙은이 냄새가 배어 있는 두 평 반짜리 건넌방은 적당히
건조했고, 오후의 나른함이 배어 있었다.

할아버님은 마치 황금색 역광선이 빚어낸 신기루처럼
보였고, 약간 취해 있었다고 생각된다.

그런데 사실 말이지, 그때까지만 해도 벌써 죄 없는 접시를

단상, 혹은 연상

한가마니 넘게 깨뜨려 버린 할아버님이지만 그날따라
접시에는 별로 신경을 쓰고 있는 것 같지 않았다.
왼손은 어른 키로 한 길쯤 돼 보이는 가느다란 대꼬챙이를
잡고, 코로는 그저 무심히 담배연기를 내뿜으며 여전히
불효막심한 아들놈을 욕하고 있었는데, 그 순간 또
한 손으로 가볍게 돌려 올린 접시가 대꼬챙이 위에서
팽이처럼 돌기 시작한 것이다.
한동안 접시에 푸른빛이 돈다고 느껴졌다.
그 푸른빛은 허공에서 약 일 분쯤 나풀거리다가 — 혹은 더
길었는지도 모르지 — 여느 때처럼 떨어져 박살이 났다.
할아버님으로서도 너무 졸지에 당한 일이고, 다음에 또
성공할 수 있을지 두려움이 앞섰기 때문에, 두 번째 시도를
하기까지 그는 약 보름간의 공백기를 가졌다. 최초의
행운을 조금이라도 더 음미하려는 속셈이었으리라.
그런데 생각해 보면 이것은 굉장한 사건이었다.
도대체 마술사가 아니고서야 어떻게 대꼬챙이 위에 접시를
올리고 그것을 비행접시처럼 돌린단 말인가. 나는 아직
팽이도 잘 돌릴 줄 모르는데 말이다.

"할아버님께서 마침내 성공하셨다고?"
"네, 아빠, 도저히 믿기 힘들 정도예요."

낯선 기억의 재구성   *145*

"그래? 거 잘됐구나. 네 엄마도 한시름 놓게 됐고."

"근데 엄마 생각이 옳긴 옳아."

"무슨 말이냐?"

"연습 때만큼은 플라스틱 접시를 쓰시라던 거 말이에요."

"접시 쪼가리에 늘 주의하고, 방은 세 번씩 쓸어 내도록
해라. 잊지 말구."

플라스틱 얘기가 나왔으니 말이지, 효성이 지극한 나의
어머니는 고집불통인 시아버님께 위험한 사기 접시
대신 플라스틱 제품을 권해 오던 터였다. 그럴 때마다
할아버님은 몹시 측은해 하는 표정으로 며느리를 타일렀다.

"애야, 아가, 대체 떨어져서 깨지지도 않을 접시라면 구태여
이 짓을 할 게 무어란 말이냐?"

"그래도 아버님, 온 집안이 사기조각 투성이어서 … ."

"난 이렇게 생각한다. 높은 데서 떨어져도 죽지 않는
사람이라면 누가 비싼 돈을 내고 외줄타기 서커스 구경을
가겠냐, 안 그러냐?"

최초의 성공이 고비였을 뿐, 그 이후부턴 만사가
순조로웠다. 지금까진 할아버님이 접시에 적응하려고
노력했으나 이젠 접시가 할아버님께 적응하기 시작했다는
말이다.

적응이란 것은 놀라운 것이다, 라고 우리 과학 선생님은
학과 공부와 별로 관계없는 얘기를 곧잘 하곤 했다.
"사람이 산다는 게 쉬운 일이 아닌데, 사는 데 일단
적응하고 보면 또 어려운 일도 아니라는 걸 너희 놈들도
곧 알게 될게다, 알았나?"
그러면 우리는 별로 알 것도 없으면서 졸던 아이들까지도
모두 네, 하고 힘차게 대답하는 것이었지만.
어찌됐든 할아버님은 날이 갈수록 더욱더 의기양양해져
갔다.
얼마 뒤에 대꼬챙이 위에 접시를 올려놓고 놀랍게도 한
손으론 담뱃불을 붙이는 여유마저 보였다.
접시가 힘이 빠져 나풀나풀하면 꼬챙이를 잡은 손을 조금
끄덕끄덕해 주기만 하면 되었다. 접시는 싱싱하게 되살아나
할아버님이 하려고만 들면 일주일 내내라도 윙윙 돌아 줄
것이었다.
다음에 꼬챙이를 꽂아 둘 나무 밥상을 장만했고 접시가
혼자 돌고 있는 동안 간단한 일상사─소변을 보고
온다든가 문 앞에 떨어진 석간신문을 집어 온다든가─를
여봐란듯이 해치웠다.
아직 농구화 끈을 맬 정도는 아니었으나─할아버님은
농구화의 애용자였다─머지않아 끈을 찬찬히 맨 다음 문

밖에 나가 담배 한 대 태울 시간을 벌었고, 아무 일도 없다는
듯이 엘리베이터로 12층 아래를 다녀오는 일도 있었다.
나는 할아버님이 곧 편의점까지 가서 별로 필요치는 않지만
다녀왔다는 증거로 조미료 한 통쯤 사올 수 있으리라
믿었고, 그것도 머지않아 실현되었다. 할아버님이나 접시
모두가 조금 숨이 차긴 했지만 말이다.
할아버님이 거기서 만족했을 것이라고? 천만의 말씀이다.
"네 생일날엔 네 나이만큼 돌릴 수 있을 게다."
"내 나이라면 열네 개?"
"그래, 이놈아, 열네 개를 한꺼번에 돌려 보이겠다."
생각해 보라. 그처럼 아름답고 장엄한 광경을.
열네 개나 되는 접시가 푸른빛으로 방안을 가득 채우고
윙윙 소리를 내며 돌아간다.
접시는 허공에서 정지한 듯이 보이고, 점점 작아지며,
그때만은 시간도 흐르지 않는 것처럼 느껴진다.
내가 할아버님인지 할아버님이 접시인지 접시가 나인지,
구별할 수조차 없다.

과학 선생님이 연체동물 얘기를 하다 말고, 조는 아이들을
깨우기 위해 들려 준 시간과 공간, 가속도와 질량의 요술이
정말일 듯도 싶다.

"그따위 엉터리 같은 얘기가 어딨니, 이놈아."

"정말이래도, 할아버지."

"허긴 나두 네 나이 땐 빨리 뛰는 축에 들었지."

"그 정도로 뛰어선 어림도 없대요. 빛과 같은 속도로 뛰어야 한대요."

"그러면 몸이 점점 작아진다는 말이냐?"

"몸은 작아지고 몸무게는 천근만근 무거워진다던데요."

"이놈이 할애비를 놀리고 있네."

"내 얘기가 아니에요, 할아버지. 유명한 과학자가 얘기한 거래요. 과학 선생님이 거짓말할 리는 없지 않아요."

"몸무게가 무거워 봤자 몇 근이나 나가겠냐?"

"코끼리 열 마리보다도 더 무겁대요. 나이도 안 먹고 늙지도 않고 언제나 젊은 모습 그대로 우주여행이 가능하다던데요 …."

"허긴 이놈들이 도는 동안 너희 학교쯤 다녀오려면 빨리 뛰긴 뛰어야 할게야."

하학 길에 아파트 노인정에서 장기를 두고 있는 할아버님을 볼 때면, 나는 그가 쉰 개도 더 되는 접시를 돌려놓고 나와 있는 중인지 어떤지 알 수가 없는 지경에 이르렀다.

그런데 할아버님 당신의 나이와 똑같은 여든한 개의 접시를

돌리던 날 저녁의 그 거짓말 같은 광경을 나는 결코 잊지
못할 것 같다.

도대체 그날은 아무 날도 아니었다. 세계 보건의 날도,
철도의 날도 아니었다. 밖에선 초가을비가 내리는
모양이었으나 많이 오는 것 같지는 않았다.

건넌방에선 끊임없이 윙윙 접시 돌아가는 소리가
났고―그것도 무려 여든한 개가 한꺼번에 말이다―엄마는
TV 연속극에 넋을 잃고 있었으며, 아빠는 신문을 읽으면서
중얼거리고 있었다.

"이혼 급증. 가출하는 배우자 가운데 열에 하나는 실종
상태라…. 세상 참."

여름이 물러가는 평화롭고도 지겨운 날들 중의 하나였다고
기억된다.

할아버님은 농구화 끈을 정성 들여 졸라매고 밖으로 나갔다.
그리곤 오랫동안 돌아오지 않았다.

여든한 개의 접시는 혼자 돌고 있었다.

최초의 접시가 떨어져 내렸을 때, 가정의 평화는 일순에
깨져 버렸다.

모두들 건넌방으로 뛰어갔으나, 어떻게 손을 써볼 재간은
없었다.

접시들은 너풀너풀 춤을 추다가 하나씩 떨어져 내렸고,

예리한 사기조각이 사방으로 튀었다.

아무도 움직이는 사람은 없었다.

마지막 접시가 떨어져 내렸을 때, 가슴 속에 금이 가듯,
갑자기 웃음이 터져 나왔다. 그것도 참을 수 없을 만큼….
눈물이 나건 말건 실컷 웃다 보니 나중엔 창자가 아파 왔다.
이건 한참 후에 들은 얘기지만 말이야, 그때 그 시각,
아파트의 수위 아저씨가 본 것이 할아버님인지 아닌지
의심할 필요는 없다. 그가 보고 인사까지 한 것은 틀림없는
할아버님이었고, 그건 할아버님이 가속도가 붙기 훨씬
전이기에 충분한 신빙성이 있다는 말이다.

그런데 편의점 앞에서 과일 가게를 하는 동네 아줌마가
본 것이 무엇이었는지는 좀 얼떨떨하다. 굉장한 속력의
물체가 그녀 앞을 가로질러 갔는데, 꼭 흰색의 앰뷸런스
같았다던가. 물론 그녀가 좀 허풍 끼가 없지는 않다.

탐문한 바에 의하면, 할아버님은 지하철 야간 공사장을
통과하는 데 3분도 안 걸렸다. 공사장 감독은 그때 밖에서
우산을 쓴 채 담배를 한 모금 빨고 있었는데, 일진광풍이
일며 우산이 뒤집혀 버렸다는 것이다. 그래서 밤중에
웬 놈의 바람이람, 투덜거리며 두 번째 담배를 꺼냈는데,
땅에 떨어진 담배가 젖었기 때문이지.

그래서 나는 확고한 결론을 내렸다. 할아버님은 그때 이미

바람이 돼 있었노라고. 그 바람은 총알과 같은 속도로
도심의 거리를 휩쓸며 전진했고, 마침내 이 도시를 탈출해
버린 것이었다.

도시 외곽엔 물론 캄캄한 논밭이며 야트막한 산과 묘지들이
펼쳐져 있을 터였다.

할아버님은 들과 산을 넘어 만주로 달리고 있는 동안
어느 순간 음속을 돌파했고, 드디어 광속도에 가까이 간
것이었다.

나는 틀림없이 그렇게 믿었다.

그가 광속도에 이른 순간, 그의 모습은 공간 속에서 영영
사라지고 말았을 것이었다. 그리고 그 자리엔 무거운,
한없이 무거운 질량質量만이 남았을 것이었다. 저 우주의
블랙홀처럼 한없이 무거운 질량, 모든 것을 빨아들여
흔적도 없이 삼켜 버리는 그 블랙홀 말이다.

만약 여러분들 이웃에 어느 날 홀연히 농구화 끈을
졸라매고 나들이 나갔다가 한 달이 넘도록 돌아오지 않는
아빠 엄마가 있다면, 그땐 불운하게도 우리 할아버님의
블랙홀 옆을 스쳐갔다고 믿어도 좋다.

그런데 그분들이 돌아오긴 틀렸다. 그분들은 거기서 한없이
무거운 몸이 되어 할아버님의 접시돌리기를 넋을 잃고
구경하고 있을 테니까.

신일근 작, 〈흔적 2〉

외근

★   전화할 때마다 '외근 중'인 친구가 있다.

그가 그 시간에 골프 연습장이나 사우나에 가 있었다는

것을 나중에야 알게 되었다.

이런 맥락이라면 퇴근退勤은 재택근무,

술 먹는 것은 야간근무,

실직은 장기휴가가 된다.

긍정의 힘은 위대하다.

효율

★ 과학적인 것이 곧 효율적인 것은 아니다. 소설가의 직감이
한 시간이면 해결할 일에 과학자는 1년을 끈다.
효율적인 것이 곧 과학적인 것은 아니다. 산 양쪽에서
동시에 급히 터널을 뚫다 보면, 터널이 두 개 생길 수도 있다.
아름다운 것이 곧 효율적이지는 않다. 높은 곳에서
낮은 곳으로 흐르는 강물이 직선이 아니라 곡선을 택한
곳이 하회마을이다. 효율적인 것이 곧 아름답지는 않다.
탁구공은 비눗방울에 비해 덜 아름답다.
틀렸다. 과학적이거나 효율적인 것은 대개 아름답다.
그래서 과학과 효율이 충돌한다.
과학적이라 함은 불변의 원리가 어디에서나 적용된다는
뜻이다. 효율적이라 함은 쓸데없는 노력을 배제한다는
뜻이다.
한글이 과학적인 이유는, 자연발생적으로 형성된 글자가
아니라 엄격한 원칙 아래 인공적으로 만들어졌기 때문이다.
한글의 특징은 24개의 알파벳을 초중종初中終 성聲에 배치해

'효율적'으로 모아쓰는 데 있다.

한글 알파벳의 8번째 자음子音인 '이응ㅇ'은 두 가지 중요한 역할을 한다. 종성終聲으로 쓰일 때는 'ng'이 되어 모든 발음을 '응'으로 만든다. 그러나 초성初聲으로 쓰일 때는 아무 음가音價도 없다. 그저 한글 초중종初中終성의 원칙을 지키고, 모아쓰기의 모양새를 갖추기 위해 삽입되는 글자에 불과하다.

음가가 없는 초성 'ㅇ'을 생략해 버리면 어떨까? '아이'는 'ㅏㅣ'가 되고, '우리'는 'ㅜ리'가 된다. 시간은 절약되지만 글자모양이 이상해지면서 아름답지가 않다.

비슷한 예로 모음母音 'ㅡ'도 있다. 로마자처럼 'ㅡ' 없이 자음만 써도 모두가 'ㅡ'로 읽기로 약속하면 생략하지 못할 이유가 없다. '그래!'는 'ㄱ래!'가 되고, '응가'는 'ㅇ가'가 된다. 그러나 초중종성의 원칙은 깨진다. '으리으리'를 어떻게 할지도 대책이 없다.

어쨌든 한국인들은 아무런 음가도 없는 초성 'ㅇ', 더부살이 'ㅡ'가 들어 있는 아름다운 한글을 쓰느라 에너지를 쏟고 있다. 거기에 들어가는 시간을 한번 과학적으로 계산해 볼 일이다. 참고로 Ohio는 4획, 오하이오는 8획이다.

과학과 효율과 아름다움의 딜레마는 앞으로도 영원할 듯하다.

덕후의 추억

★ 문화가 없으면 말도 없다.

비빔밥 문화가 없는 고장에 비빔밥이란 말이 없는 것은
당연하다. 스시란 음식이 없는 사회에 스시란 말은
불필요하다. '죽탕질'이란 말이 존재한다면 그런 문화가
실재하고 모두가 필요성을 느끼기 때문일 것이다.
애초엔 그런 말이 없다가 글로벌 현상 때문에 '선진'
사회로부터 용어를 빌려 오는 경우도 있다.
김치가 없는 곳에서는 'Kimchi'를 차용해 가는 것이
편하다. '쓰나미' 현상을 가장 절실히 느끼던 일본으로부터
세계인이 'Tsunami'란 단어를 빌려 갔다.
외래어 또는 외국어 중에는 '오타쿠'란 말도 있다.
오타쿠御宅, おたく 는 집 택宅자가 시사하듯 집안에만 틀어박혀
특정 취미나 사물에 광적으로 몰두하는 병적인 사람을
가리킨다. 물론 일본인 특유의 기질과 결합된 특정 분야의
지독한 전문가도 오타쿠라 불린다. 여기에는 전후 일본의
풍요한 경제 환경이 큰 역할을 한 것으로 보인다.

비슷한 시기, 한국에서는 오타쿠 비슷한 것은 찾아볼 수 없었다. 모두 먹고살기 바빴기 때문에 병적인 취미를 기를 여유가 없었다.

그러나 최근에 오타쿠는 '오덕후' 또는 '덕후'가 되어 한국의 젊은이 사이에서 유행 중이다. 그만큼 한국 사회가 먹고살 만해졌다는 반증이 아닐 수 없는데, 다만 일본 것 앞에 자존심을 구길 수 없다는 민족의식은 노소를 가리지 않는다. 오씨 성을 가진 덕후 씨가 탄생한 배경이다.

단상, 혹은 연상

접미어

★   명사 끝에 붙어 'ㅇㅇ하는 행동'이란 뜻이 되는 우리말
    '‒질'은 매우 유용한 접미사이다. 그 용도가 영어의 'ing'와
    비슷하다. ing가 동사나 명사에 붙어 'ㅇㅇ하는 일'이라는
    뜻의 또 다른 명사가 됨으로써 조어造語의 지평이 무한대로
    넓어졌다.

    book(책)에 ing를 붙여서 booking이 되면 책에
    무엇인가를 써넣는 행위, 즉 '예약'이란 뜻이 된다.

    whale(고래)의 경우는 포경업을 뜻하는 whaling이 된다.
    셰익스피어급의 누군가가 이런 단어를 계속 개발한다면
    영어사전의 분량이 두 배로 늘어날 것은 분명하다.

    pigging(돼지처럼 염치없는 짓을 하는 것),

    handing(여자 엉덩이에 손을 대는 행위),

    nosing(코를 푸는 행위),

    teething(축구하다가 상대 선수를 물어뜯는 일),

    birding(머리 나쁜 새처럼 조잘대는 일),

    kimching(김치찌개 끓이기) 등.

heading은 박치기의 뜻 외에 머리를 쥐어뜯으며 고민하는
행위란 뜻으로도 쓸 수 있다.

우리말의 '질'도 그에 못지않다. '수건질'은 피부의 물기를
수건으로 닦는 행위, '마름질'이란 재료를 치수에 맞도록
재거나 자르는 행위를 말한다. '도끼질'이란 나무를 패는
행위, '도리깨질'이란 도리깨를 휘둘러 알곡을 터는 행위다.
그러나 대체적으로 어감이 좋지 않고, '바느질'을 제외하면
이상하게도 천한 이미지와 연결될 때가 많다.

싸움질, 도둑질, 간첩질, 곁눈질, 서방질, 계집질, 이간질,
발길질, 구역질, 칼질, 채찍질….

북쪽에는 이보다 더 심한 표현이 많이 남아 있는 듯하다.
"괴뢰 도당의 패악질…." 사납고 거친 심성을 표현하는 데
적합하기 때문인지도 모른다.

반면 '사랑질', '효도질', '요리질', '공부질'이란 말은
특별법으로 제정해서 강권해도 사용될 가능성이 희박하다.
무한한 용도의 접미어가 어두운 이미지와 연결됨으로써
우리말을 풍부하게 할 기회를 놓치는 것이 안타깝다.

당분간 국어사전의 분량이 두 배로 늘어날 가능성은 거의
없어 보이는데, 그래도 조금씩 새 단어는 생겨나고 있다.
최근에 새로 만들어져 각광을 받는 단어가 '갑^甲질'이다.
우리 모두는 갑질의 잠재적 피해자이자 가해자이다.

이래저래 '질'처럼 '학대질'을 많이 받는 말마디도 드물다.

달팽이

★　개^犬를 먹는 것이 꼭 아름답다고 할 수는 없지만…

논리적으로 못 먹을 것도 없다.

요즘엔 물론 그밖에도 먹어 치워야 할 것이 너무 많아서

거의 먹을 기회가 오지 않는다.

마늘은 우리에게 포기할 수 없는 맛의 하나지만,

골수 독일 사람을 3미터나 뛰게 만드는 냄새의 원천이다.

말^馬고기는 우리에게 징그러운 음식이지만,

일본이나 서구 사람에게는 꽤 침 넘어가는 미식 재료이다.

달팽이는 우리에겐 끔찍하지만,

한때 한국의 멍멍탕 문화를 비난했던 프랑스의 은막 스타

브리짓 바르도는,

그 신비롭고도 불쌍한 달팽이를,

섹시한 입술 사이로 우아하게 넘긴 다음,

인정사정 보지 않고 씹어 버린다.

프로페셔널

★　아마추어는 일에 서툰 사람이 아니다.

　그 일 아니라도 다른 할 일이 있는 사람이다.

　프로는 일에 능숙한 사람이 아니다.

　그 일밖에는 다른 할 일이 없는 사람이다.

　부모는 영원한 아마추어이자 영원한 프로페셔널이다.

　교수는 영원한 프로페셔널이자 영원한 아마추어이다.

통점

★ 피부에는 통점痛點이란 신경조직이 있어, 어딘가 다쳤을 때
사람은 그곳을 통해 아픔이란 감각과 만나게 된다고 한다.
단, 외부의 자극이 지속적으로 불규칙해야 한다.
온몸에 통증이 퍼져 한 군데도 성한 곳이 없는 아픔의
총체화 현상, 통증의 강도强度가 일정하게 유지되는 아픔의
일상화 현상이 계속되면, 통증은 어느 순간 사라져 버린다.
통점의 신경세포가 마비되는 것이다.
악취 속에 너무 오래 있으면 아무 냄새도 나지 않는다.
거대한 부패 속에서는 부패가 느껴지지 않는다.
모두가 떼를 쓰면 떼가 떼인지 모른다.

명작

★ 어떤 글이 좋은 글인가?

재미있는 명문名文이 좋은 글이다.

명문이란 무엇인가?

거짓말하지 않는 글이 명문이다.

무엇이 재미없는 글인가?

정직한 글이 재미없는 글이다.

불후不朽의 명작이란

썩지 않는 영원한 명작이란 뜻이다.

모든 것이 썩어 가는 이 시대에

불후의 명작이란 비닐밖에 없다.

고뇌

★ 현대음악은 듣기가 그다지 편치 않다. 특히 12음계와
불협화음으로 심각한 고뇌를 전달하려는 음악은 끔찍하다.
연주자들도 하나같이 고통에 찬 표정을 하고 있다.
현대무용은 더 심하다. 왜 그토록 몸을 혹사하고 자학해야
하는지 잘 이해가 되질 않는다.
음악은 모두가 즐겁자고 듣는다.
고뇌와 번민, 실존 문제를 해결하기 위해 듣지는 않는다.
머리를 쥐어뜯기에 족한 현실을 고맙게도 상기시켜 줄 필요는
없다. 그런 문제라면 요양원이나 철학에 맡기는 것이 좋다.
"이래도 이것의 심오한 의미를 모르겠는가?"라고 강요하는
것은 더욱 싫다.
이해 못 할 바는 아니다. 바흐에서 말러까지 선배들이
즐거움을 모두 선점해 버렸으니 후배들이 동원할 것은
고뇌밖에 없을 것이다.
음악이 고뇌하기 시작하면, 철학이 쾌락을 추구하기
시작한다.

지휘자

★ 눈을 지그시 감고 귀로 듣기만 하던 음악 감상이 이제는
눈으로 '보는' 시대가 된 지 오래다. 음악 전문 TV 덕분에
그동안 연주회장 객석에서는 볼 수 없었던 오케스트라
연주의 흥미로운 모습을 집에서 생생히 관찰할 수 있게
되었다.
카메라는 연주자의 눈빛, 손가락과 입술의 미세한 떨림,
악기의 흠집까지도 세밀히 전해 준다.
그중에서도 특히 지휘자의 존재는 불가사의하다.
오케스트라는 수많은 악기들로 구성된다. 이들을 하나로
묶어 일사불란한 대열을 유지하면서 고지를 향해 진군하는
사령관이 곧 지휘자다.
서로의 음색을 살려 가면서, '때를 놓치지 않고', 갑작스런
'4차원'의 돌출을 방지하면서, 아름다운 하모니를 만들어야
한다.
같은 교향곡도 오선지에 남겨 놓은 작곡가의 악상을 어떻게
해석하느냐에 따라 모든 게 달라질 것은 분명하다.

동일한 스토리도 연출자나 감독에 따라선 전혀 다른 연극
영화가 된다. 같은 수군水軍이라도 원균이 지휘할 때와
이순신이 지휘할 때의 차이는 명백했다.
전설적이고도 제왕적인 지휘자의 일화가 많이 전해지는
것은 그 때문일 것이다.

바렌보임이라는 지휘자는 비 오듯이 흐르는 육즙(?)을
주체하지 못해 연신 손수건 신세를 진다.
저 유명한 카라얀은 시종 눈을 감고 있어 한동안
시각장애인으로 오인한 적도 있었다.
크리스티안 틸레만이라는 지휘자는 멸치 그물을
끌어당기는지 무언가를 끊임없이 털어 담는다.
입을 헤벌리고 무아지경을 헤매는 주인공은 클라우디오
아바도라는 이름이다.
특히 발레리 게르기에프라는 지휘자의 손가락은 진정한
'골드 핑거'라 할 만하다. 그는 지휘봉 없이 손으로만 지휘를
하는데, 손가락의 현란한 형태뿐만 아니라 시종일관 가녀린
나비날개처럼 파르르 떠는 기법은 아무도 흉내 낼 수 없는
경지에 이르렀다.
클라이맥스에 이르러 지휘봉을 들고 방방 뛰거나 덩실덩실
춤을 추는 사람도 있고, 뇌쇄적惱殺的인 표정으로 온갖

재롱을 다 부리는 사람도 있다.

대부분의 지휘자는 시종일관 심각한 고뇌를 어쩌지 못해
끝없이 허우적거린다. 음악은 관객에겐 쾌락이지만,
지휘자에겐 고뇌의 바다인 게 분명하다.

그런데 정말로 이상한 것은, 연주회 도중 오케스트라
단원들이 이 불쌍한 지휘자를 거의 쳐다보지 않는다는 데
있다. 아니, 거의 쳐다보지 않는 '것처럼' 보인다는 데 있다.
가끔 지휘자에게 시선을 줄 때도 있지만, 힐끗 쳐다보는
것을 본다고 할 수는 없다. 허긴 어떤 연주자가 자신의
악보를 읽기에도 바쁜데 게르기에프의 손가락 예술에
신경을 쓰겠는가. 이것은 지휘자를 끝까지 응시하는 합창단
단원들과는 전적으로 대비된다.
도대체 무대 위의 지휘자가 육신을 최대한 혹사하면서
연출하는 자폭自爆 수준의 '바디 랭귀지'는 누구를 위한
것일까?
단원들을 위한 것이라면 그들은 눈길을 주지 않고, 관객을
위한 것이라면 그들은 등 뒤에 있어 잘 보이지 않고, 자신을
위한 것이라면 그토록 많은 사람들 앞에서 그래야 할
이유가 없고….
이 기묘한 광경은 지휘자가 악단을 끌고 가는 것이 아니라,

단순히 흥을 돋우기 위해 악단의 연주에 맞춰 춤을 추고
있는 듯이 보이기도 한다. 맹연습이 끝난 뒤 따로 할
일이 없어서일까…. 혹시 주의 산만한 관객들에게 경고
겸 최면催眠을 걸기 위해서일까…. 누군가에 의지하고
환호하고 싶은 무지몽매한 백성들은 어디에나 있기
마련이다.

이 원맨쇼의 단골 소비자가 TV 시청자이므로 매스컴을
통한 청각교정 서비스인지도 모른다.

'설사 당신의 귀에 연주가 서툴게 들려도 내가 몸으로
보여드리는 느낌이 정확한 것이므로, 나를 믿고 당신의
귀중한 청각을 조절해 주시길 바라오….'

그러나 그들은 TV가 발명되기 훨씬 전부터 그래 왔다.
그렇다고 연주회가 엉망이 되는 것은 아니다. 정반대다.
세상의 모든 연주회에 쏟아지는 박수갈채와 감동의 총량은
항상 일정하다.

연주가 끝나면 지휘자는 인사하고 퇴장하지만, 러시아의
푸틴처럼 어김없이 다시 등장한다. 그리고 마치 지금
막 결정했다는 듯이 앙코르 곡을 연주하기 시작한다.
양옆으로 퇴장하는 대신 원형 무대의 가운데 계단을 중간쯤
올라가다가 되돌아오기를 여러 번 반복하는 지휘자도 있다.

재미있는 것은, 유명한 지휘자 겸 피아니스트가 협연자로
참가하는 협주곡이다.

여기서는 지휘자가 지휘를 하려 해도 할 수 없는 구조가
된다. 피아노 앞에 앉아 첫 신호를 준 뒤 이내 자신의 연주에
충실할 수밖에 없는데, 그 틈을 타서 단원들도 저마다
마음 편히 자신의 연주에만 몰두한다. 허공을 향한 절규
없이도 얼마든지 연주가 가능하다는 증거가 아닐 수 없다.
소규모의 실내악이나 재즈 연주에서는 아예 지휘자가 없다.
만약 단원들이 지휘자의 모습을 보지 않는데도 연주가
가능하다면, 불경스럽고 무모한 도전이긴 하나, 무대
위의 지휘자 무용론無用論을 조심스럽게 제기해 볼 만하다.
노구老軀를 이끌고 분투하는 마이스터에게 휴식을 주자는
취지에서다.

그러나 존경받는 세계적인 거장巨匠을 무대에서 축출한다
해서 인류 사회가 얻을 것은 별로 없다. 따라서 천하에
쓸모없는 이 시도는 몇 가지를 양해하는 선에서 포기하는
게 현명하다.

첫째, 정말로 안 보는 경우를 제외하면, 안 보는 척하지만
수시로 보고 있을 것이다.
둘째, 인간의 안구眼球 구조상 시야각視野角 안에 들어오는

낯선 기억의 재구성   *171*

어렴풋한 모습만으로도 전후 사정을 충분히 파악하는지도
모른다.

셋째, 무대에 서기 전 피나는 연습을 많이 하기 때문에 눈이
아니라 피부로 지휘자의 움직임을 보고 있는지도 모른다.

넷째, 지휘자와 단원들 간에 형성된 영적靈的 유대감, 신뢰감,
거기에 어떤 알 수 없는 힘에 이끌린 집단의식이 지휘봉을
대신해 흐름을 통제하는지도 모른다.

지휘봉을 잡은 지휘자의 손이 보이는 손이라면, 알 수 없는
어떤 힘은 이른바 '보이지 않는 손'의 범주에 속한다.

보이는 손으로 말하자면 특히 민주주의 제도하에서
유용하다. 유권자는 열정적이고도 현란하게 허공을
내지르는 '보이는 손'을 보고 귀중한 한 표를 던진다.

그 대표적인 예가 히틀러이다.

히틀러의 광적인 팔 휘두르기 연설 모습에 그가 좋아했다는
바그너의 음악을 삽입하면 그대로 볼 만한 한 편의
오케스트라 뮤직비디오가 된다. 비非 음악가 출신으로
뛰어난 지휘자적 소양을 갖고 있던 몇 안 되는 음악 영재英才
중 하나였을 것이다.

히틀러의 무대 등장이 총칼이 아니라 투표를 통한
것이었다는 사실은 자못 의미심장하다. 비록 다소의

우여곡절은 있었으나 그는 민주체제의 선거제도를 통해
수상首相에 임명되었고 차츰 독재의 길로 질주해 갔다.
민주주의의 민주民主는 민民이 주主라는 아름다운 의미로
쓰이지만, 실은 민이 표를 '주'기만 하는 제도라 해도 과언은
아니다. 선출된 지도자의 그 후後를 결코 담보하지 못한다는
사실은 자주 망각된다.
민주제도 역시, 그 어떤 제도도 마찬가지지만, '강력한
리더십'을 필요로 한다. 승자勝者에게 전권을 위임한다는
측면에서 보면 형태를 달리한 한시적인 왕정체제 또는
독재체제와 크게 다를 것이 없다.
수단과 방법을 가리지 않고 표를 모은 다음, 관객을 '등진'
채, 카라얀처럼 제멋에 겨워 눈을 감고, 자신의 신하들과
이상한 몸짓에 몰두한다.
히틀러의 현란한 지휘봉 솜씨에 열광하다가 최면에 빠진
것은 비단 나치 당원만이 아니었다. 당시 세계 최고를
자랑한다던 독일의 지성도 마비되면서 암묵적 공범관계는
예비되고 있었다. 민주제도는 더 좋은 제도가 발견되기
전까지 한시적으로 '운용되는' 제도에 불과하다.

훌륭한 연주는 지휘자의 작품인가, 단원들의 작품인가?
지휘자가 단원들을 끌고 가는 듯 보이기도 하고, 단원들이

지휘자를 끌고 가는 듯 보이기도 한다.

역사의 주체主體는 지도자인가, 백성인가? 사회를 끌고 가는 것은 돌출된 엘리트인가, 오랜 문화를 공유하는 다수의 시민인가? 지도자가 백성을 이끄는 듯 보이기도 하고, 백성이 지도자를 이끄는 듯 보이기도 한다. 후자後者의 경우, 지도자는 아바타가 된다.

사람은 두 종류가 있다. 보이는 세상을 보는 사람과 보이지 않는 세상을 보는 사람이다. 그림도 두 종류가 있다. 보이는 공간을 그리는 그림과 보이지 않는 공간을 그리는 그림이다. 그래서 인간이 만든 모든 조직은, 그것이 정치조직이건 기업조직이건 조폭조직이건, 두 종류밖에는 없다. 보이는 질서가 만든 조직과, 보이지 않는 질서가 만든 조직이다. 인류의 역사는 한 종류밖에 없다. '보이는 손'과 '보이지 않는 손'이 함께 어우러져 만드는 교향악이다. 전자를 우리는 문명文明이라 부르고, 후자를 우리는 문화文化라 부른다.

동일한 오케스트라 단원들이 동일한 악기로 만들어 내는 동일한 작품의 '음색音色'이 지휘자에 따라 매번 달라질 수 있다는 것이 사실일까?

반인륜적 전쟁 범죄에 대한 책임은 현재 히틀러가 모두 떠안고 있다. 히틀러라는 아바타를 토해 낸 것이 보이지

않는 손, 독일 국민의 집단지성이라는 사실을 인정하지
않는다면, 독일 국민은 비겁하다.

이완용이 나라를 팔아먹는 바람에 식민지가 되었다고
주장하는 한, 대한민국 역시 비겁하다. 《친일 인명사전》에는
4천 명 이상의 친일파들이 등재되어 있다고 한다. 4천만
명이 아니다.

오늘도 연주회장은 고개를 숙이거나 편안하게 기대 눈을
감고 있는 관객으로 가득하다. 가끔 중간에 일어나 나가는
사람도 있고, 조는 것인지 열반涅槃 상태인지 알 수 없는
사람, 마지막 악장이 다 끝난 줄 알고 박수를 치다가 모두를
멋쩍게 만드는 사람도 있다.

우아하고 점잖은 차림의 관객들로부터 야성적인 함성이
터져 나오는 걸 보면, 박수부대도 동원되는 눈치다. 이들은
악장과 악장 사이의 불과 몇 초 동안을 위해 기침과 부스럭
소리를 끝내 참아 낸 사람들이다.

그중에는 작곡자가 어떤 성향의 사람인지, 지휘자가
가리키는 곳이 어디인지 무관심한 채 단지 아내의 바가지를
피해 도피해 온 중년 가장도 있을 것이다. 지휘자의 마법魔法
같은 '수법手法'만 배우러 온 야심적인 청년도 있을 것이다.

지도자

★　리더 또는 지도자의 역할은 방아쇠에 걸린 손가락에
해당된다.
화살이나 포탄은 손가락 때문에 멀리 날아가는 것이
아니라,
그동안 방아쇠에 축적된 에너지로 인해 멀리 날아간다.

점증漸增 법

★　러시아 작곡가 쇼스타코비치의 교향곡은 어렵고 짜증이
　　난다. 유일한 예외는 '왈츠'와 교향곡 7번이다. 그중에서도
　　1악장에 한限한다. 누군가 옆에서 '제2차 세계대전'이란
　　힌트만 팅겨 줘도, 우리는 바로 그 음악의 배경과 분위기를
　　느낄 수 있다.
　　실제로 교향곡 7번은 제2차 세계대전, 그중에서도
　　레닌그라드 공방전이 한창일 즈음 작곡되고 피비린내 나는
　　전장戰場에서 연주되었다. 부제부터가 '레닌그라드'이다.
　　1악장의 압권은, 멀리서부터 시작되어 차츰 커지는 군대의
　　진군 소리다. 음울한 먹구름 조각이 지평선에 나타나 하늘
　　전체를 뒤덮기까지 군화 소리는 볼륨을 높이며 끝없이
　　반복된다. 급기야 광풍狂風에 천둥 번개가 치기 시작하면서
　　대지는 찢어지고 피를 토하며 울부짖는다.
　　그리고 잠시 뒤 적막이 찾아오면서 스산한 바람소리만이
　　유령의 한탄처럼 거대한 파워가 휩쓸고 간 대지 위를
　　한동안 맴돈다. 파괴된 문명의 조각들 사이로 널브러진

주검들이 보인다.

어디선가 많이 보던 수법이다. 라벨의 '볼레로'다.

들릴락 말락 시작된 모티브는 끝없이 반복되면서 볼륨을
키우다가 마침내 광풍처럼 몰아친다. 그리고 응축된 모든
에너지는 일순 폭발하면서 갑자기 끝난다. 점증漸增법이자
일종의 섹스 기법이다.

쇼 선생도 '볼레로'를 베꼈다고 헐뜯는 비평가들에게,
"그러라지 뭐. 전쟁이 내 귀에는 그렇게밖에는 안 들리는
걸"이라고 말했다고 전해진다.

세상에 섹스 기법을 모르는 사람은 없을 것이므로,
쇼 선생이 라 선생을 베꼈다기보다는, 원초적인 기법끼리
서로 통했다고 보는 편이 좀더 설득력이 있다.

다만 둘 사이의 차이점은 명확하다. 라 선생의 작업이
갑자기 끝난 것에 비해, 쇼 선생은 여성에게 좀더 친절했다.
이에 비해 아리랑 고개를 넘어가는 우리의 '아리랑'은
좀더 질펀하면서 서민적이고 직설적이다.

민주주의

★ 민주民主와 전제專制의 차이는 생각보다 크지 않다.
권력자가 세간의 눈치를 보면서 군림君臨하느냐
세간의 눈치를 보지 않고 군림하느냐의 차이일 뿐이다.
그러나 군림의 강도는 똑같다.
군림을 유도하는 주체가 똑같기 때문이다.

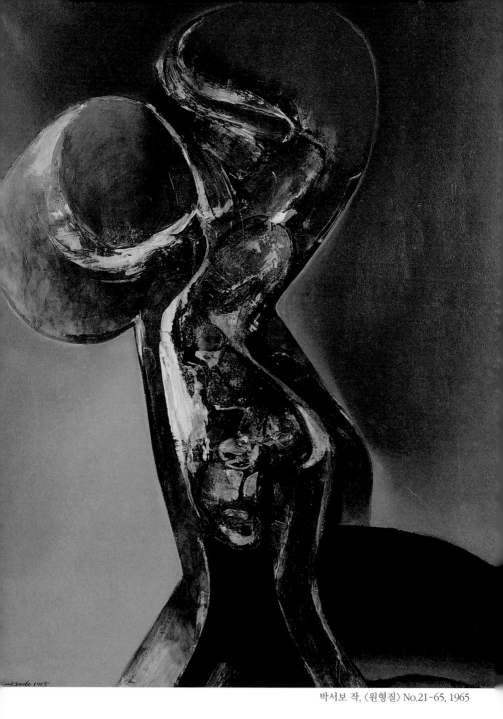

박서보 작, 〈원형질〉 No.21-65, 1965

단상, 혹은 연상

시위대

★ 여의도에 사람의 발길이 끊기는 일은 없다.
여당 당사(黨舍) 앞에 시위대의 발길도 끊이지 않는다.
시위는 사전에 허가를 받아야 한다고 하는데,
정해진 시간 내에 대부분 잘 끝난다.
그날 세 팀이 다녀간 뒤 마지막 팀은
주위가 캄캄해져 얼굴을 알아보기 힘들 때까지 시위를
계속했다.
전국에서 모여든 안마사 협회원들의 처우개선 데모였다.

반대말

★   졸업의 반대말은 입학이 아니다. 낙제다.

사랑의 반대말은 증오가 아니다. 무관심이다.

미美의 반대말은 추醜가 아니다. 천賤이다.

이것은 우리 모두가 아는 사실이다.

진실의 반대는 거짓이 아니다. 비非진실이다.

픽션fiction의 반대가 논픽션non-fiction인 것과 같다.

요즘 같은 동성혼同性婚 시대에는 남편의 반대는 아내가

아니다. 비非남편이다.

자본주의의 반대말은 사회주의가 아니다. 공산주의다.

민주주의와 자본주의는 동의어가 아니다.

민주정치의 반대말은 전제정치다.

봉건사회의 반대말은 민주사회가 아니다. 시민사회다.

세습 봉건정치의 반대말은 민주정치가 아니다.

대의代議정치다.

세습 봉건사회 속에서도 민주주의는 꽃 핀 적이 있다.

근대 시민사회 속에서도 독재정치는 꽃 핀 적이 많다.

단상, 혹은 연상

대의정치와 민주주의는 동의어가 아니다.

황제 통치 시절의 고대 로마에서도 민주주의는 존재했다.

물론 공화정 시절에도 독재는 존재했다.

혁명

★ 혁명적인 사건이 역사를 움직인 것이 아니라,

그 사건에 대한 반성이 역사를 움직여 왔다.

명예혁명, 프랑스 혁명, 러시아 혁명, 모택동 혁명 등이

모두 그렇다.

인터넷 혁명이 어떤 역사를 만들지는 다소 불투명하지만,

동성혼同性婚 혁명의 미래가 어떨지는 추측이 가능하다.

아마도 반성할 사람이 거의 남아 있지 않을 수도 있다.

자전거

★　지구 온난화가 인류를 위협하고 있다고 한다.

이 불쌍한 지구를 위해, 산업과 경제에 관한 한,

동양적 방식이 더 좋을 뻔했다.

서구적 방식은 달리는 자전거처럼, 페달을 계속 밟지

않으면 쓰러지고, 더 빨리 달리지 않으면 쾌감이 없다.

한 세기 전까지만 해도 동양의 자전거는

선 채로 바퀴만 돌아갔기 때문에,

첫째, 더 빨리 달릴 필요가 없었고,

둘째, 경쟁하지 않아도 충분히 운동 효과를 거둘 수 있었다.

진보와 보수

★   양복 단추 3개는 진보, 2개는 보수, 녹차 가루를 먼저 넣고
나중에 물을 붓는 것은 진보, 물을 먼저 붓고 나중에 녹차를
넣는 것은 보수.
만화를 먼저 보는 것은 진보, 사설을 먼저 읽는 것은 보수,
이가 아파 왼쪽으로 씹는 것은 진보, 오른쪽으로 씹는 것은
보수.
좌익이 진보, 우익은 보수라면, 진보 남자의 거시기는
팬티 왼쪽에 가 있고, 보수 남자의 거시기는 오른쪽에
가 있을 것이다. 이것은 각자 확인해 보면 된다.
한 세기 전 구한말 당시에는 중국, 러시아 등 북쪽 세력을
등에 업은 자들을 보수라 하고, 일본, 미국 등 남쪽 세력을
등에 업은 자들을 진보라 하였다.
한 세기 후에는 북쪽 세력을 등에 업은 자들을 진보라 하고,
남쪽 세력을 등에 업은 자들을 보수라 한다.
시기적으로 앞선 것이 보수, 나중 것이 진보라면,
고대 로마의 공화정은 보수, 제정帝政은 진보였다.

기득권을 수호하는 것이 보수, 그것을 깨부수는 것이
진보라면, 부르주아의 기득권을 깨부순 러시아와 중국의
공산혁명은 진보, 프롤레타리아의 기득권을 지키려던
그 이후의 시도는 보수였다.

전통을 사수하는 것이 보수, 그것을 파괴하는 것이
진보라면, 한복과 전통 예술을 극렬히 내세우는 한반도
북쪽은 보수, 종교와 전통 문화를 대거 파괴해 버린 중국
대륙의 문화혁명은 진보였다.

노예제를 옹호하는 것은 보수, 노예제를 폐지하는
것이 진보라면, 독립전쟁 내내 미국은 보수, 노예제를
폐지하면서 흑인 부대를 끌어들여 반란을 진압하려던
대영제국은 진보였다.

온건한 것은 보수, 과격한 것은 진보라 한다면, 무기징역은
보수, 사형死刑은 진보다.

여당은 보수, 야당은 진보, 재벌 옹호는 보수, 재벌 공격은
진보, 반공은 보수, 용공은 진보, 구사대求社隊는 보수, 노조는
진보, 강남에 살면 보수, 강북에 살면 진보라고 한다면,
실소失笑 유발 코미디에 불과하다.

현 상태에 만족하면 보수, 만족하지 못하면 진보다.

일주일 동안 발을 씻지 않아도 냄새를 견딜 만하면 보수,
참을 수 없어 목욕탕으로 밀어 넣으면 진보다.

보수는 지키려 하고, 진보는 바꾸려 한다. 걸어온 길이
충분타 싶으면 보수로 앉아 쉬고, 부족하다 싶으면 진보로
더 걸어가면 된다.

보수론자는 그 과정에서 되도록 다치는 사람이 없기를
바라는 사람들이고, 진보론자는 다소 다치는 사람이
있더라도 변화를 꾀하자는 사람들이다.

보수론자는 삶과 사물을 보는 눈이 조금 깊어져 함부로
결론을 내리지 못하는 사람들이고, 진보론자는 과감하게
내린 결론 때문에 낭패를 보더라도 한번 시도해 보자는
사람들이다.

세상은 보수와 진보로 나뉘어 있다.
틀렸다. 세상은 진짜와 가짜로 나뉘어 있다.

좌우 갈등

★   왼손잡이 친구가 있다.

식당에서 그의 왼쪽에 앉으면 서로 괴롭다.

좌파와 우파의 충돌처럼 숟가락 든 손이 서로 부딪쳐

밥을 먹기 힘들다.

해결책은 간단하다.

서로 자리를 바꿔 앉으면 된다.

중앙청

★   오래전, 경남 창녕군에서 주최한 화왕산 불놀이 행사가
화재로 번져 4명이 사망했다.

창녕군에서는 불놀이 행사를 없애기로 했다고 한다.

수학여행에서 참사가 벌어지자 수학여행을 없애자는
의견도 쏟아진다.

그러나 사고가 생겼다고 해서 그 자체를 없애면, 사고를
극복할 노력과 지혜를 원천봉쇄하는 결과가 된다.

결국 사고는 되풀이될 것이다.

우리는 항상 그래 왔다.

조선총독부 건물이었던 중앙청도 그렇게 없어졌다.

화장

★ 1960~70년대에 집장사들이 지은 서민 단독주택의 대문은
본채의 규모에 맞지 않게 컸다. 대문 위에 별도의 지붕이
얹혀 있는 경우도 많았다. 집의 얼굴이기 때문이다. 이것은
지금도 꽤 행세한다는 사람들의 고급 단독주택에 그대로
남아 있다.

1980년대가 끝나기 전에 올림픽이 개최되었고, 전 국민이
합심해서 거리를 청소하기 시작했다. 좋은 얼굴을 보여
주기 위해서였다.

이어서 단독주택이 대단지 아파트로 대체되면서 거창한
대문은 사라졌다. 올림픽 기간을 제외하면 거리 청소를
하는 사람은 원래 없었다. 그리고 성형수술이 유행하기
시작했다.

사람의 얼굴은 타인의 시선이 맨 먼저 들어가는 대문이다.
이제 누구나 얼굴을 거창하게 뜯어고친다. 어딜 가나 피부
타령이다.

예전에 새마을운동용 짙은 파란색, 빨간색 페인트가

불티나게 팔렸듯이, 이제는 파란색, 빨간색 화장품이
불티나게 팔린다.

유일한 예외는 농산품이다. 예쁜 얼굴의 사과는 백화점으로
보내고, 벌레 먹은 사과는 가족이 먹는다. 농약 화장을
하지 않았기 때문이다.

손금

★　사람의 손톱을 일정 기간에 한 번씩 깎아 주어야 하는
데에는 아무래도 인류 문명사의 비극이 숨어 있는 듯하다.
손톱의 생장生長 속도와 닳아 없어지는 속도가 서로 맞지
않는 것이다.

원래 손톱이란 물어뜯거나 '깎는' 개념이 아니라 '닳아
없어지는' 개념이 옳다. 인류가 손발을, 특히 손톱 발톱을
사용하는 일이 점점 줄어들면서 깎아야 할 필요가 생기는
것은 당연하다.

그러나 동물은 사정이 다르다. 유일한 무기를 매일
사용하기 때문에 적당한 길이로 자동 조절되어 손톱깎이
없이도 잘 산다. 잡아먹히는 일만 방지하면 된다.

이빨도 마찬가지. 북미 캐나다 지역에 많이 산다는
'비버'라는 동물은 이빨이 자라나는 만큼 열심히 나무를
갉아 쓰러뜨린다.

나무를 쓰러뜨리라고 이빨이 잘 자라는지, 이빨이 잘
자라니까 할 수 없이 나무를 쓰러뜨리는지는 조물주만이

알 일이다.

어쨌든, 이에 견줄 만한 것이 농촌 분들의 손톱이다.
농촌의 현실이 손톱이 제대로 자라도록 놔두질 않는다.
이발소 아저씨들은 닳아 없어지는 손톱이 가장 큰
고민이라 한다.

물론 21세기인 요즘에도 손톱을 적절히 잘 사용하는
여인들은 많다. 그 남편들은 대개 면도하다가 생긴
상처라고 얼버무린다.

어떤 여성 운전자들은 신호 대기 중에 새끼손가락의 긴
손톱을 얼굴에 붙어 있는 모든 구멍들을 구석구석
청소해 내는 데 유용하게 쓰기도 한다.

지문指紋이나 손금은 문제가 좀 다르다.
이것들은 새로 생겨나지 않는다.

그럼에도 불구하고 그 소중한 선線을 비벼 없애는
사람들이 많다. 불공평한 게 세상이다.

지도

★   고산 윤선도의 집으로 알려진 해남 녹우당에는 임진왜란

당시의 지도가 두 점 보관돼 있다.

일본에서 만들어진 조선 지도는 전쟁 10년 전에

작성된 반면,

조선에서 만들어진 일본 지도는 전쟁 10년 후에

작성된 것이라 한다.

일본의 한반도 스파이 지도에 충격 받아,

임진왜란 10년 후에,

허겁지겁 일본 국세國勢 지도를 베껴 왔다는 이야기.

유행

★ 소녀 걸그룹이 세계로 진출해서 한류^{韓流}몰이를 하고 있다.

이들은 확실히 30여 년 전 일본을 휩쓸던 일제

걸그룹보다는 키도 크고 세련됐다.

일본인들이 환호하는 것도 무리는 아니다.

노래하면서 춤추는 패턴은 몇 가지나 될까?

팔, 다리, 표정의 순열조합일 터이므로, 수백 가지는 훨씬

넘을 것이다.

수천 가지가 넘을지도 모른다.

아니, 선심 쓰는 김에 아예 수십만 가지라고 하자.

수십만 가지를 다 쓴 다음에는 다시 처음으로 돌아와야 한다.

이래서 유행이 생겨난다.

유행의 주기는 대략 30년으로 추정된다.

귀여운 인형 공연만으로는 세계의 주류문화에 편입될 수

없다.

참패

★   일본과의 축구 경기에서 1 대 0으로 이긴다.

동네가 시끄럽다.

야구경기에서는 5 대 3으로 승리한다.

나라가 들썩인다.

19 대 0으로 졌는데, 아무 소리도 들리지 않는다.

노벨 과학상 수상자 숫자이다.

단상, 혹은 연상

미학 美學

★ 일본에 대해 특별한 감정은 없다. 그저 여러 외국 중의
하나라고 생각한다.

한때 일제日製상품에 사족을 못 쓰고, 일본 구경을 못 해
안달을 한 적도 있다. 지금도 일제 물건은 대부분 최고라고
생각한다.

일본 사람 중에는 나쁜 사람도 많지만 좋은 사람도 많다고
생각한다. 속은 어떤지 몰라도 염치를 알고 남에게
폐 끼치지 않으려는 싹싹한 심성은 인정할 만하다. 물론
속 깊은 사람도 많다.

이런 저런 이유로 알게 된 평범한 서민뿐만 아니라 문화계
인사 중에도 존경할 만한 사람이 꽤 많다. 인생에서 돈보다
더 아름다운 것이 있다고 믿으며, 모든 일에 최선을 다하는
삶의 자세는 배울 것이 많다고 생각한다.

야비野卑한 측면도 있지만, 단순하며 섬세한 문화의 일면도
좋아한다.

주변 국가를 잔인하게 침략한 역사에 대해서는 나쁘다고

생각하지만, 만약 우리도 국력이 갑자기 팽창하면 비슷한 길을 걸었으리라고 생각한다.

그러나 일본과 전쟁을 하게 되면 맨 먼저 총 들고 나가 싸울 생각이다. 애국심이나 도덕이나 국제정치의 문제가 아니라 미학美學의 문제이기 때문이다.

아마 그들도 그러기를 바랄 것이다.

중국

★   큰데 … 작다.

벚꽃

★   4월 초순, 한강 유람선과 63빌딩은 땅끝 마을에서 버스를
대절해 온 관광객들로 북적인다.
서울에 살고 있는 사람을 서울사람, 시골에 살고 있는
사람을 시골사람으로 부르던 상식은 이제 통하지 않는다.
반나절 교통권과 인터넷 덕분이다.
먼 곳은 잘 알지만, 가까운 곳을 잘 모르는 사람이 서울사람,
가까운 곳보다 먼 곳을 더 잘 아는 사람이 시골사람이다.
가까운 곳도 모르고 먼 곳도 모르면 외국인,
먼 곳은 모르고 가까운 곳을 잘 알면 박사라고 부른다.
여의도 사람들은, 전경戰警과 마찬가지로,
언제 벚꽃이 피는지 언제 낙엽이 지는지 모르고 계절을
흘려보낸다.
파리 시민의 절반 이상이
평생 외국에 나가 보지 않은 사람들이라 한다.

귀농

★   축구도,
    요리나 소설이나 건축과 마찬가지로,
    뜀박질의 영역이 아니다.
    상상력의 영역이다.
    창업과 귀농은 상상력의 영역이 아니다.
    뜀박질의 영역이다.

호감

★ 연예인들을 호감^{好感}과 비^非호감으로 나누는 풍조가
있다고 한다.

'비호감'으로 한번 낙인찍히면 만회하기가 쉽지 않다.

원래 호감의 반대는 악감^{惡感}인데,

비호감은 악감보다도 더 강도가 세다.

호감 이외의 모든 것이기 때문이다.

일본에서 혐한^{嫌韓} 풍조가 고조되고 있다고 한다.

혐한 감정은 반한^{反韓} 감정보다 더 강도가 세다.

반대하는 것 이외의 모든 것이기 때문이다.

강한 쇠

★   사진 동호인들에게 독일의 거리계 연동식 카메라

'라이카'는 거의 전설적이다.

한때는 집 한 채 값이었을 만큼 값도 비쌌다.

그중에서도 M3 모델은 아름다운 디자인과 기계적

내구성으로 유명하다. 한 번 구입하면 거의 손자 대^代에까지

쓸 수 있었다. 독일 기술의 최전성기에 원가를 생각지

않고 최고의 자재를 쏟아 부었기 때문에, 다소 과장하면

앞으로도 인류가 이런 물건을 다시 만나기는 힘들 거라고

한다.

일본 유수의 메이커들이 이를 따라 잡으려고 온갖

노력을 다했다. 그러나 끝내 실패하고 카메라의 형식을

SLR(일안반사식)로 바꾸고서야 비로소 만회할 수 있었다.

그 과정에서 문득 깨달은 바가 있었다.

M3를 분해^{分解}해 보니 첫째, 구조가 단순했다.

둘째, 모든 부품에 연한 쇠와 강한 쇠가 맞물려 있었다.

일본 기술자들은 강한 쇠만 사용하면 내구성이 좋아지는 줄

알고 있었다.

바보상자

★ 현대인은 TV가 보이지 않으면 견딜 수 있지만,
리모컨이 보이지 않으면 가벼운 정서불안을 느낀다.
'방송 중독증'과, 그 양量에 있어 조금 적기는 하지만 질質에
있어 훨씬 더 강력한 '방송 혐오증'이 사회 저변에 공존하고
있다.
전자前者는 집안에 TV가 있다는 사실도 모를 만큼 방송을
몸에 달고 살고, 후자後者는 TV를 바보상자라고 부른다.
요리하면서도 방송, 입시 공부하면서도 방송,
섹스하면서도 방송의 소음이 들리지 않으면 뭔가 불안하다.
서울 시내에서 'On Air'란 이름의 술집을 세 개나 보았다.

단상, 혹은 연상

좋은 빗자루

★ 어떤 빗자루가 좋은 빗자루인가? 빗자루 아니면 도저히
해낼 수 없는 일을 하는 빗자루가 좋은 빗자루이다.
어떤 진공청소기가 좋은 진공청소기인가? 진공청소기가
아니면 도저히 해낼 수 없는 일을 하는 청소기가 좋은
진공청소기이다.
빗자루와 진공청소기는 각자 할 일이 있다.
어떤 영화가 좋은 영화인가? 영화 아니면 도저히 담아낼
수 없는 영역을 담아내는 영화가 좋은 영화이다. 시공^{時空}을
자유자재로 이동하며, 그 속에 무한의 상상력을 압축해
넣는 일이다. 연극이 할 수 있는 것을 하는 것은 영화가
아니다.
어떤 음악이 좋은 음악인가? 음악 아니면 도저히 담아낼 수
없는 것을 담아내는 것이 좋은 음악이다. 멜로디와 리듬과
화음이 동시에 출현하는 곳은 음악뿐이다.
어떤 그림이 좋은 그림인가?
어떤 사진이 좋은 사진인가?

어떤 소설이 좋은 소설인가?

어떤 시가 좋은 시인가?

어떤 정치가 좋은 정치인가? 에 대한 답도 자명하다.

단상, 혹은 연상

휴머니즘

★   고향 마을 소식을 전하는 생방송 TV 프로….

경상도 농민 백모^某 씨의 지극한 한우^{韓牛} 사랑이 소개된다.

백 씨는 장성한 두 아들을 데리고 '얼룩소'라고 부르는 토종

한우를 키워 성공한 축산농민이다. 농장 입구에는 "한우를

살립시다"란 현수막이 걸려 있다.

그는 소를 키우는 데 있어 세심한 데까지 신경을 쓴다. 매일

축사를 청소하고 소들을 목욕시킨다. 먹이는 물론이고,

소의 몸에 절대로 배설물이 묻지 않도록 조심한다.

방목한 소들이 야산의 무덤 위에 올라가 놀기를 좋아하는

것을 발견하고는 농장 안에 인공 무덤을 만들어 주었다.

이 농장의 소들은 짐승이라기보다는 한 가족이나

마찬가지다.

실제로 소들의 표정도 지극히 평화롭고 행복해 보인다.

감탄하는 리포터에게 백 씨는 소의 투실투실한 엉덩이를

자랑스럽게 쓰다듬으면서 말을 이었다.

"이렇게 키우면 소의 육질이 아주 부드럽고 맛이 좋아질 뿐

아니라 무게도 많이 나가죠."

BBC에서 소개된 호주의 대형 목축농장. 2만 5천 마리의
양떼를 겨우 5명이 관리하는 첨단 목장이다. 여기서 키운
양※은 육질이 부드러워 세계 각지로 수출된다고 한다.
비결은 양이 스트레스를 받지 않도록 배려하는 데 있다.
깨끗한 물을 마시며 드넓은 초원에서 마음껏 뛰놀게 한다.
우아한 영국인 여성 리포터는 목장 측의 과학적이고도 애정
어린 배려에 감탄을 금치 못한다. 중동과 남미의 열악한
환경 속에서 학대받으면서 자라는 양떼를 숱하게 봐왔기
때문이다.
시식 시간. 갓 잡아 구운 양의 다리 살을 한 입 베어 물면서
그녀는 황홀한 맛에 신음을 연발한다.
"정말 스트레스 받지 않은 동물의 고기 맛은 부드럽군요.
이렇게 맛있는 양고기는 처음입니다…."

할머니

★ 은퇴한 카메라맨이 들려 준 한겨울 한라산 등반 촬영 실화^{實話}.
일행은 눈 쌓인 정상을 향해 오리털 파카와 장갑, 외제
등산화로 단단히 무장하고 숨이 턱에 차 올라가고 있었다.
정상에 가까운 마지막 가파른 골짜기에서 기진맥진 문득
정신을 차리니, 코앞에 새끼줄로 칭칭 동여맨 여자 고무신이
클로즈업(C.U.: 가까이 보는 것)되어 왔다.
고개를 좀더 틸트업(T.U.: 머리를 드는 것)하니 허리를 질끈
동여맨 치마저고리가 보였다.
풀샷(F.S.: 전경)을 잡았더니, 시골동네에서 단체로 원정 온
초로^{初老}의 할머니 부대가 떠들썩하게 시선 가득 들어왔다.
할머니들은 조금도 지치지 않고 비호^{飛虎}처럼 정상을 향해
'날아가고' 있어서 줌인(Z.I.: 한 지점을 향해 확대 접근하는 것)을
해도 도저히 따라잡을 수가 없었다던가.
첨단 무기로 무장하는 것만이 능사는 아니다.
우리 선조들은 허약한 후손들처럼 무장하지 않고도
한겨울을 무사히 살아남아 무수한 우리를 퍼뜨려 놓았다.

사회 기강

★ 한국에서 사회적으로 물의를 일으킨 사람은, 죄가 있건
없건 그에 상응하는 가혹한 형벌을 받는다.

검사나 판사나 교도소에 의해서가 아니라 검찰청 출입문
앞을 지키는 기자들 틈에서다.

이것은 거의 고문 수준이다.

수십 명의 기자들이 주인공을 둘러싸고 옴짝달싹 못하게
한다. 팔짱을 끼거나 뒤에서 옷을 잡아당기는 사람도 있다.
그중에는 취재 카메라에 얻어맞아 눈덩이가 찢어진 재벌
총수도 있다.

물론 이보다 더 심한 고문은 "지금 심정이 어떤가?"란
바보스럽지만 핵심을 찌르는 질문이다.

심정이 어떠냐고?

죄가 있는 사람은 나중에 당연히 치러야 할 죗값의 110%를
여기서 다 치르게 되니 사회 기강이 참으로 엄하게
수립되어 있다고 할 수 있다.

보도

★ 북한의 '위대한 지도자' 김정은이 지팡이를 짚고 나왔다고
모든 뉴스가 떠들썩하다.
며칠 후에는 김정은이 지팡이를 짚고 나오지 않았다고 모든
뉴스가 떠들썩하다.

가상현실

★　언론은 오늘도 국민의 알 권리를 위해 혼신의 힘을 다한다.
시중의 뉴스거리를 찾아 상세하고 친절하게 해설해 주는
뉴스쇼 프로그램. 남녀 앵커는 요즘 한창 시중의 뜨거운
화제인 유명 연예인 사건을 소개한다.
개요인즉, 모두의 사랑을 받는 남자 탤런트가 해수욕장에서
젊은 여성의 유방을 훔쳐보았다는 것이다.
현장 화면으로는 해변과 내방객들의 모습, 그리고 막
수영을 하고 나온 주인공이 모래사장 한편에 자리를 잡는
모습이 비친다. 이는 탤런트를 존경하는 열성팬이 마침
수영하러 갔다가 우연히 스마트폰으로 찍어 제보한 것이다.
스타의 시선이 닿는 곳에 초비키니 차림의 발랄한 여성
서넛이 공놀이를 하고 있다. 뒤이어 그쪽을 바라보는
탤런트의 옆모습이 비치고, 그 다음엔 여성들의 터질 듯한
가슴이 클로즈업된다. 선글라스의 탤런트는 여전히 그쪽에
시선을 둔 채 홀짝홀짝 아이스커피를 마시고 있다.
시민들의 반응은 양 극단으로 나뉜다. 비난하는 쪽은 그가

그동안 양의 탈을 쓴 늑대였다는 사실에 분노한다. 60대 초반의 그는 인자한 가장, 올곧은 기업 회장, 독립 영웅 등의 중후한 역할을 맡음으로써 국민적 사랑을 받아 왔다.

드라마 녹화 현장에서 만난 당사자는 어이없어 한다. 수영에 지쳐 잠시 멍하게 앉아 앞으로 찍을 영화의 대사를 생각하고 있었다고 해명한다.

몰려드는 기자들에 놀란 그는 황급히 뒷문으로 빠져나간다. 이것이 불에 기름을 붓는다.

마침내 기자들이 현장에 나가 상세한 상황을 캐내기 시작한다. 탤런트가 앉았던 위치와 여성의 위치, 그리고 그 둘을 연결하는 시선의 각도를 컴퓨터 그래픽으로 제작해 알기 쉽게 보여 준다.

또 다른 기자는 탤런트의 가족 구성, 그동안의 연예활동을 도표로 만들어 설명한다. 그에겐 현모양처형의 아내와 대학에 다니는 두 딸이 있다. 동료, 이웃집 주민, 술집 주인 등을 찾아다니면서 다양한 인터뷰도 소개한다. 여기에서 평소 그의 술버릇이 점잖지 않다는 증언이 나온다. 예쁜 아가씨를 보면 만사 제쳐 놓고 뽀뽀를 하려고 덤빈다는 소문도 나돈다. 많은 사람이 모르고 있는 사실, 젊었을 때 한 번 이혼한 경력도 밝혀진다.

패널들도 둘로 나뉘어 열띤 토론을 벌인다. 영상 제보자는 유방 장면은 재미삼아 나중에 찍은 것이라고 증언한다.
마침내 뉴스 쇼 스튜디오는 아수라장이 된다.
다음 뉴스로 옮겨 가기 전 앵커는 시중의 과민한 반응을
개탄하면서 마무리한다.
"확인되지 않은 사실에서 나온 온갖 소문과 억측이 개인의
인격과 인권을 침해한다면 성숙한 사회라 할 수 없을
것입니다. 우리 모두 그런 일이 없도록 하자는 취지에서
마련한 순서였습니다. 다음 소식입니다."

외마디

★ 무엇이 우리 삶에서 가장 중요하고 시급한가?

건강과 행복을 위해서, 사회를 유지하기 위해서, 가장

긴요한 것은 무엇인가?

이런 문제에 대해 치명적인 힌트를 제공해 주는 곳이 있다.

모름지기 정책을 수립하는 사람들이 가장 먼저 눈여겨봐야

할 곳이다.

언어, 그중에서도 일상에서 자주 쓰이는 순우리말 단음절

명사名詞다.

원시 인류가 어떤 단어를 만들 때는 우선 외마디부터

시작했을 것이다. 관리할 사물도 많지 않은 데다가 혀의

기능도 원활치 않았을 것이기에 ….

다多음절이 필요해지는 것은 단음절이 다 소진되고 난

다음부터였을 것이다. 따라서 단음절은 역사가 가장

오래다.

한자어가 수입되기 훨씬 전의 일이니 살가운 느낌의

순우리말이 대부분일 것이다. 가장 흔하지만 생존에

치명적인 물건은 그때나 지금이나 거의 변함이 없을
것이기에…. 물론 뜻도 거의 변하지 않았을 것이다.

밥, 쌀, 밀, 벼, 엿, 꿀, 술, 씨, 떡, 알, 잣, 쑥, 배梨….
모두가 사람이 생명을 유지하는 데 가장 치명적인
음식들이다. 쑥은 봄 기근이 들어 모두가 굶주릴 때
가장 먼저 지천으로 돋아나 사람을 구해 준 식물이다.
배가 단음절인 데 비해 사과(능금)가 2음절인 것을 보면
사과보다는 배가 한반도의 고유 과일이 아닌가 추측해 볼
수 있다(물론 증명해야 할 필요는 없다). 당국에서 수급상태를
가장 먼저 챙겨야 할 분야이기도 하다.

집, 물, 불, 땅, 돌, 흙, 논, 밭, 뫼山, 내川, 봇, 비雨, 들野, 샘泉, 숲,
잎, 풀草, 싹, 섬島, 뜰, 터垈, 길路, 꽃, 해, 달, 별….
눈을 들어 보면 어디서나 보이는, 사람의 주거와 불가분의
관계에 있는 자연 환경들이다. 어디서부터 부동산 투기를
막아야 하는지를 알려 주는 귀중한 자료이기도 하다.
산불과 홍수를 방지하고, 낙석도 조심해야 하며, 일조권과
전망권도 보장해 주어야 한다.

몸, 뼈, 젖, 손, 발, 피, 살, 똥, 눈, 코, 입, 귀, 혀, 이齒, 낯, 팔,

배ⁿ, 등, 목, 턱, 땀, 침, 털, 뿔, 품, 키, 좆, 씹…

항상 우리 몸에 붙어 다니는 물건들이다. 건강을 위해
무엇을 조심하고 무엇을 잘 돌봐야 하는지를 알려 주는
기준이 된다. 물론 성형수술의 대상이 되는 기관이기도 한다.

소牛, 말馬, 개犬, 닭, 벌, 새鳥, 범虎, 곰熊, 뱀, 쥐, 매鷹, 삵猫,
돝돼지 ….

가장 친근하고 전통적으로 한국인의 삶에 가장 자주 등장한
동물들이다. 호랑이(범)와 곰이 건국신화의 주인공이
된 것도 우연은 아니다. 전래동화에서 툭하면 아이들을
잡아가는 늑대도 처음에는 단음절어였는지도 모른다.

그밖에, 의복과 관련된 것:
옷, 띠帶, 결紋, 줄線, 자尺, 톱, 끈, 실絲 ….

인칭과 가족:
나, 너, 님, 임, 딸, 놈, 년… (아들이 빠져 있다)

생활 도구 및 무기:
낫, 쇠鐵, 틀, 못, 끌, 돈, 빗, 칼, 활, 배舟 ….

위치, 시제 및 추상 개념:
앞, 뒤, 밑底, 위上, 겉外, 안內, 속, 옆, 그, 저, 이, 끝, 틈, 꼴, 맛,
멋, 힘, 때時, 날日, 밤, 낮, 빛, 봄春, 말言, 글文, 붓, 꿈, 잠, 춤,

넋, 삯, 짐, 티…….

한국어를 배우는 외국인이라면 모름지기 이들 외마디들을
깊이 숙지할 일이다.

그중에서 특기해야 할 것이 바로 '멋'이다. 대부분의 우리말
단음절어는 중국의 영향이 거세지면서 거의 다 그에
해당되는 한자어를 갖게 되었다.

나와 아我, 봄과 춘春, 맛과 미味, '키'와 '신장身長'…….
그러나 '멋'을 흔쾌히 대체할 수 있는 한자는 아무리
찾아봐도 없다. 영어에도 적당한 단어가 없다. 한자나 영어
단어 중에 우리말로 흔쾌히 번역되지 않는 개념이 존재하는
것과도 같다.

결국 그 고유의 판권이 한국인에게 있다면 한국어를 배우는
외국인들은 이 간단한 외마디의 진정한 의미를 터득하는 데
필경 고생깨나 할 것이 분명하다.

이것은 참으로 의미심장하다. 극성스럽게 '맛'을 추구하는
만큼 '멋'이 실종돼 가는 시대에, 우리가 끝내 고수해
왔고, 앞으로도 계속 추구해 가야 할 가치가 무엇인지를
암시한다.

또 하나, 원래 가장 오래된 외마디는 글자 그대로 위급한
상황에서 터져 나오는 인간의 원초적인 비명소리였다.

단상, 혹은 연상

윽, 억, 악, 헉, 꺅, 끙….

순수한 첫 감정을 표현하는 감탄사가 요즘 문제가 되고 있다. 이것이 경고하는 바를 무시하고 대충 넘어감으로써 많은 비극이 생겨나고 있다.

한때 '탁' 하고 치니 '억' 하고 죽었다란 말도 유행했다.

최근에는 안전 불감증이 원인이 된 대형 참사가 꼬리를 물고 있다.

우리가 일상에서 가장 소홀히 하는 것은 모두 가장 오래전, 예컨대 원시시대와 유치원 시절쯤에 배웠던 것들이다.

걸레

★   복근^{腹筋} 훈련기구 광고에 의하면 …

이 기구는 손잡이 달린 도르래 모양을 하고 있다.

작동원리인즉 엎드려서 방바닥을 대패질하듯 밀면

자연히 배와 허벅지의 근육을 강화시켜 준다고 한다.

삐끗 넘어져 턱을 다치는 것만 주의하면 된다.

자세히 보면 방바닥을 훔치는 걸레와 작동 원리가 똑같다.

걸레는 턱을 다칠 염려도 없고,

방은 방대로 깨끗해져서 일석이조가 되는데,

우리는 상당한 돈을 내고

외래어 이름이 붙은 이 운동기구를 구입한다.

보수공사

★ 성수대교가 붕괴된 지 얼마 뒤, 그 하류에 있는
양화대교에는 '성능개선 사업장'이란 안내판이 나붙었다.
이미 상당한 성능이 있지만 더 뛰어난 성능을 위해 벌이는
공사장이라는 뜻이다.
그러나 실상은 양화대교도 안전하지는 않다는 진단 끝에
부랴부랴 시작된 '보수공사'였다.
실제로 상판에 금이 가는 등 위험하기 짝이 없는
상태였는데, 이 공사는 편도 1차선씩을 바꿔 가며 그 후 몇
년간 계속됐다. 이상한 어법의 안내판도 그 수년간 계속
걸려 있었다.
혹한酷寒과 혹서酷暑, 두서없는 공사를 거치는 동안, 아스팔트
도로의 일부는 꺼지고 늘어나고 줄어들어 뒤틀리기
시작한다. 그래서 대부분의 도로가 울퉁불퉁한 아스팔트
더미가 되어 있다.
이것은 '아스팔트의 탈을 쓴 자갈길'인데 아무도 그렇게
생각지 않는다. 여전히 아스팔트 '포장도로'이다.

자본주의의 탈을 쓴 사회주의, 사회주의의 탈을 쓴
자본주의에 별로 신경 쓰지 않는 것과 같다.
언어는 덧칠되고 조작되면서 주인의 사상을 개조한다.

단상, 혹은 연상

아륀지

★   인도네시아의 어떤 오지 마을이 한글을 국자國字로
채택했다고 한다. 한글은 세계에서 가장 과학적이고 배우기
쉬우며 세상의 모든 소리를 표기할 수 있다는 이유에서다.
그러나 Fuck와 아이스하키의 Puck는 똑같이 '퍽'이 된다.
'F' 발음은 가장 많은 인류가 사용하는 발음 중의 하나다.
F뿐만이 아니라, 우리가 기를 쓰고 배우는 영어 발음
중에는 한글로 표기할 수 없는 발음이 한둘이 아니다.
그렇다고 한글의 가치가 퇴색되지는 않는다. 한글은
한국어를 표기하기 위해 만들어졌고, 최소한 그 목적을
위해서는 전혀 부족함이 없다.
세상 모든 민족의 발음을 표기할 수 있는 소리글자란
원래 존재하지 않는다. 영어 역시 한국어 발음을 표기할
때는 절름발이가 된다.
그런 판에 '마그도나르도 함바가'라고 쓸 수밖에 없는
이웃 일본의 고충이야 오죽하겠는가. 달러Dollar를
'도루'라고 표기한다면 세상의 비웃음을 받기에 충분하다.

다만 그들은 생각보다 그다지 큰 혼란을 느끼지는 않는 듯하다. 다른 방법이 없기도 하지만, 개화 이래 거의 표기법을 바꾸지 않았기 때문이다. '마그도나르도' 씨와 '맥도널드'(맥다널드) 씨가 동일인이며, '함바가'와 '햄버거'가 동일 음식이며, '도루'가 '달러'임을 금방 알아차린다. 딸라, 딸러, 달라, 달러 등 여러 종류의 화폐가 있어 온 적은 없다.

중요한 것은 원음에 가까운 발음이 아니라 서로의 약속이다. 원음에 신경을 쓰는 것은 식민지 백성들이나 할 일이다. 문자는 기호에 소리를 실어 혼란 없이 의미를 충실히 전달하기만 하면 사명을 다하는 것이다.

인도네시아로부터의 그 후 소식은 들려오지 않는 가운데, 오랜 기간 귀에 익숙한 '레오나르도 디카프리오'의 한글 표기를 원음에 가까운 '리어나도 디캐프리오'로 바꾸기로 했다고 한다. 오렌지를 '아륀쥐'로 바꾸는 것과 비슷하다.

입체 TV

★　입체 TV는 어디까지 갈 것인가?

어느 순간 그것이 우리가 지겹게 보고 있는 일상 속의 바로 그 입체임을 깨닫고, 촉각과 후각과 미각까지 책임지지는 못한다는 사실이 인식될 때까지이다.

그 다음 경쟁은 당연히 오감五感 만족 분야에서 전개될 것이다.

냄새 나는 입체 TV도 머지않았다.

그러나 향수 냄새는 좋지만, 똥냄새는 어찌할 것인가?

평면 TV는 TV 중에서도 특수하면서 매우 안전한 TV에 속한다.

장악

★ 정부의 방송장악 음모가 또 드러났다고 하여
여의도가 시끄러워진다.
그러나 방송은 장악되지 않은 적이 한 번도 없다.

새로 부임한 담임교사가 중2 교실을 확실히 장악하겠노라
엄포를 놓는다.
그러나 중2 교실은 한 번도 장악된 적이 없다.

단상, 혹은 연상

갈등

★ 통상 유익한 것은 재미가 없고,

재미있는 것은 유익하지가 않으니 이 일을 어쩔 것인가.

통상 맛있는 것은 건강하지 않고,

건강한 것은 맛이 없으니 이 일을 어쩔 것인가.

감기

★ 아마도 50년쯤 전에는 양철 지붕의 새마을
주택이었으리라.

개조하면서 울타리를 없앤 모양새로 원래의 뜰은 주차장
공간이 되었다. 상호는 없다. 그저 '해장국'이라 쓰인 붉은
간판 하나가 멀리 신흥 아파트 단지의 회색 실루엣을
배경으로 조는 듯이 걸려 있다.

입구가 있을 만한 위치에 두 평 남짓의 비닐 칸막이가
덧붙어 있어 어디로 들어가야 할지 잠시 망설인다. 그땐
칸막이가 없었는데…. 허긴 아직도 겨울이니까….

이 집이 처음은 아니다. 길을 잘못 들어 헤매다가 공터에
차를 세우면서 내친 김에 점심을 먹고 간 기억이 있다.
오늘은 걸어서 왔다.

칸막이 안은 일종의 창고 겸 다용도실이다. 음식 포장지와
빈 박스, 배추 더미, 요즘 보기 드문 연탄, 쓰레기통,
자전거 등이 널려 있는 사이로 원래의 유리문이 나타난다.
여기에도 붉은 글씨의 '해장국'이 서툴게 쓰여 있다.

역시 상호는 없다. 이 집은 너무 자신만만하거나, 포기한
집일 거야.

추운 날씨는 아니건만, 손끝과 코끝이 싸아 한 채 들어서자
정면 테이블에 앉아 신문을 접고 있던 초로의 할아범이
아래위를 훑어본다.

순간 혼란스럽다. 이 사람이 주인이었던가? 혹시 내가
뒷문으로 잘못 들어온 건가? 자신이 없어진다.

테이블 서너 개가 놓여 있는 홀 왼쪽엔 역시 초로의 할멈이
난로를 등지고 앉아 혼자 해장국을 먹고 있다.

집 구조는 낯설지 않다. 살림방으로 보이는 오른쪽 공간엔
앉은뱅이 테이블이 두 개 놓여 있고, 하이킹 차림의 중년
남녀 한 쌍이 마주앉아 역시 해장국을 먹고 있다.

벽 한쪽 텔레비전에선 프로레슬링 경기가 한창이고, 중학생
차림 하나가 비스듬히 방문턱에 기대 앉아 강아지를 놀리고
있다. 강아지는 너무나 작다.

"점심 되나요?"

"예."

할아범이 여전히 의심스런 눈빛으로 건조하게 대답한다.

"해장국 드려요?"

해장국을 먹고 있던 할멈 쪽에서 오히려 반응을 보인다.

아, 그랬었지, 이 할멈도 주인이었다.

"예."

손님 역시 시큰둥하게 대답한다.

여기 해장국 말고 다른 것이 또 있었던가? 메뉴판이 안 보이니 음식 값이 얼마였는지도 기억이 나질 않는다. 잠시 어정쩡하게 서 있자 비로소 할아범이 자리를 비켜 준다. 헐렁한 점퍼 차림의 이 사내가 배달꾼이 아님을 이제야 눈치 챈 표정이다. 연휴의 한가운데였다.

"여기로 앉으시우."

할아범은 뒷문 쪽 테이블로 자리를 옮긴다. 이제 가까스로 손님이 된 느낌이 온다. 그때도 이 테이블에 이 방향으로 앉았었지.

대화는 여기서 끊겼다. 아무도 얘기를 하는 사람은 없다. 방안의 중년 남녀도 묵묵히 숟가락만 놀리고 있다.

참으로 이상하다. 누군가 들어서는 순간 이들은 마치 비밀 유지를 위해 일제히 입을 다물기로 약속한 결사대처럼 보인다. 아니면 권태가 이미 오래전부터 침묵 속에 녹아 들어가 일상이 된 것인지도 모르지. 이들의 소중하고 긴 침묵을 비집고 들어선 건 이쪽의 실수였다.

프로레슬링 중계 소리와 식사를 중단한 할멈이 해장국 뚝배기를 다루는 소리, 강아지가 가끔 '엑', '엑' 하는 소리 외에는 아무 소리도 들리지 않는다. 덜거덕 소리도 머지않아 끝난다.

엄청난 몸집의 백인 레슬러가 역시 엄청난 몸집의 검은
마스크를 쓴 흑인의 팔을 비틀고 있다. 텔레비전 위에는
분청사기 같기도 하고 중국 도자기 같기도 한 커다란
꽃병이 놓여 있다. 격렬한 프로레슬링 경기 때문에 왠지
아슬아슬해 보인다.

그 옆엔 경대, 그 위 옷걸이엔 털옷과 점퍼가 걸려 있다.
소주회사의 낡고 오래된 포스터가 한 귀퉁이가 찢어진 채
벽에 붙어 있다. 포스터 속의 수영복 미녀도 퇴색되어 있다.

중학생 차림은 손바닥만 한 강아지를 어르고 있다.
강아지는 너무나 귀엽다. 어미개가 있었는데, 보이지
않는다. 전에 그 녀석은 식탁 밑을 길길이 뛰어다니고
있었다.

뚝배기에서 펄펄 끓는 선지해장국이 나올 즈음 몸이
녹는다.

할멈은 '몸뻬' 바지에 손으로 짠 듯한 털 스웨터를 걸치고
있다. 반찬은 오래된 깍두기와 김치뿐이다.

너무 뜨거워, 입천장을 델지도 몰라, 조심해야지….
그러고 보니 전에 바보스럽게도 입천장에 물혹이 생겼던
기억이 살아난다.

백인 덩치가 흑인 덩치 위로 몸을 날려 떨어진다. 흑인은

재빨리 피하면서 백인의 목을 감아 조이기 시작한다.

카운트 '투'에서 다시 둘은 떨어진다.

이상해. 아무도 프로레슬링을 보고 있지 않아.

할아범이 엉거주춤 일어나 밖으로 나가고, 중학생 차림도 강아지와 작별한다.

"갔다 올게."

"여섯 시까지 간다고 전해." 할멈이 대답한다.

모처럼 깨졌던 침묵이 다시 시작된다. 중학생 차림이 할멈의 아들인지 손자인지 더 이상 단서는 제공되지 않는다.

이상해, 해장국은 너무 뜨거워…….

마침내 식은땀 위로 더운 땀이 솟기 시작한다. 한동안 식은땀에 익숙해 있었다.

이 양반들이 내가 몇 달 전에도 한 번 다녀간 사람이란 걸 기억할까? 하지만 단골도 아닌 나를 왜 기억한단 말인가. 나 역시 그들을 기억하지 못하는데……. 그땐 마침 초가을이었다. 그때 강아지는 없었다.

침묵의 중년 남녀가 마침내 주섬주섬 일어선다. 이들도 뜨거운 국물 때문에 꽤 오랜 시간 고생했을 터이니 그만큼 침묵의 시간도 길었으리라. 구두를 신으면서 여자가 진저리를 치며 강아지를 감싸 안는다.

"어쩜 넌 이렇게도 귀엽니."

두 손에 싸인 강아지는 꼬리밖에 보이질 않는다. 강아지는 태어난 지 일주일도 안 돼 보인다.

"이만 팔천 원이죠?"

"아이구, 이만 팔천 원은 무슨 이만 팔천 원. 소주까지 만 사천 원이죠."

할멈이 대꾸한다.

나는 여자의 농담을 잘 이해할 수가 없다.

"잘 먹었어요."

남자도 쾌활하게 인사하고 나간다. 원래 말 없는 사람들이 아니었군. 단골손님인지도 몰라. 허긴 단골은 긴 말이 필요 없다.

이제 음식점 안엔 할멈과 나, 그리고 강아지뿐이다. 강아지는 테이블 밑에 떨어진 냅킨 조각을 입에 물고 나풀나풀 걸어 다닌다. 뜨거운 해장국을 입 속에서 굴리는 동안 강아지를 열심히 쳐다보고 있으나, 강아지는 한 번도 눈을 맞추려 하지 않는다.

텔레비전에서 와 하는 함성이 터진다. 곤죽이 되도록 얻어맞고 있던 백인의 동료가 등장하는 모양이다. 조명이 붉은 색으로 바뀌는가 싶더니 그 속에서 원피스 수영복 차림의 괴물이 나타난다. 곧 전세가 역전되겠지.

단상, 혹은 연상

할멈이 침묵 남녀의 테이블을 정리하다 말고 3분의 1쯤
남아 있는 소주를 따라 마신다.

해장국은 좀처럼 줄지 않는다.

식은 땀 아닌 끈적끈적한 땀이 목덜미로 흘러내린다.

휴지통 속의 휴지를 뽑아 닦아 내지만 걷잡을 수 없이 땀이
많아진다.

할멈이 문득 돌아앉더니 난투극을 벌이고 있는
프로레슬러를 멍하게 쳐다본다.

"어째 저리 사람을 팰 수가 있남?"

할멈은 혼잣말처럼 혀를 찬다.

다시 휴지로 이마의 땀을 찍어 낸다. 이 정도면 됐다. 아직
많이 남았지만, 해장국은 그만 먹기로 하자.

수저를 내려놓고 뚫어지게 텔레비전을 응시한다. 백인
두 명이 합세해서 흑인 덩치를 거의 죽이고 있다. 곧 승부가
날 것이고, 깡통이며 방석이 날아들 것이다. 쯧쯧, 할멈이
다시 혀를 찬다.

"오천 오백 원이죠?"

"네에."

나는 지폐 한 장, 동전 하나를 꺼내 계산한다.

"감사합니다."

할멈이 텔레비전에서 모처럼 눈을 떼며 싹싹하게 대꾸한다.

나는 여전히 텔레비전에 눈길을 둔 채 물러나온다.

"쇼하는 거예요."

" ……?"

"쇼라구요."

마침 할멈은 리모컨을 들더니 다른 채널을 검색하기
시작한다. 시답지 않은 손님 때문에 그동안 할 수 없이
프로레슬링 경기를 틀어 놓았다는 듯이.

비닐 칸막이를 지나 집 밖으로 나오자 땀이 다시
식은땀으로 바뀌면서 오싹 한기가 느껴진다.

해장국은 맛이 있지도, 맛이 없지도 않았다. 그저 그랬다.

감기의 뒤끝, 세상의 모든 아버지들에게 … IMF도 거의
끝나 가고 있었다.

단상, 혹은 연상

이면지

★ 회사가 어려워지자 모두들 대책을 내놓는다.

"도시락을 싸옵시다." 그래서 모두들 도시락을 싸온다.

"복사용으로 이면지를 사용합시다." 그래서 모두들 사내
복사용으로 이면지를 사용한다.

머지않아 복사기가 고장 난다. 이면지의 잉크 분말이
복사기의 민감한 센서를 망쳤기 때문이란다. 50원을
절약하려다가 5만 원을 지불한다.

이면지 사용계획은 전면 백지화된다.

마침내, 새 사업 분야의 새 아이디어를 위해 새 종이를 맘껏
소비하는 것이 더 이득이라는 결론을 얻는다. 도시락은
계속 싸오기로 한다.

작은 수비는 지키는 것이지만, 큰 수비는 공격하는 것이다.
작은 절약은 아끼는 것이지만, 큰 절약은 두뇌를 흥청망청
소비하는 것이다.

뿌리

★ 20대의 혈기왕성한 육군 병사 존John이 참호 너머의
앳된 요한Johan과 대치하고 있다. 총부리를 겨눈 건장한
레지스탕스 쟝Jean과 후안Juan이 돌진해 온다. 제1, 2차
세계대전의 흔한 풍경이다.

고향의 마가렛 양은 마르그레테 여사의 전화를 받고 피아
6만 명이 전사한 전장의 비보悲報를 친구 마르그리타에게
전한다.

사람은 모두 일곱인데 이름은 남녀 합해 둘이다. 이들의
이름은 모두 같은 뿌리에서 나온 것이다.

그 반성으로 생겨난 것이 유럽연합EU이다.

여전히 총부리를 겨누고 있는 것은 김과 김, 이와 이, 박과
박이다.

갱Gang

★ 남아프리카공화국 대사관을 'Namapurika Gonghwaguk Embassy'로 표기한 서울 안내 지도가 있다는 믿지 못할 소식이 들린다.

한때 독립문의 영문 표기를 'dog rib moon'으로 하는 바람에 '개 갈비 달'이 되었다는 농담이 유행했다. 한국인이 아무리 정당하게 표기를 해도 외국인은 그대로 봐주지 않는다.

강만희라는 사람이 있다. 그의 영자 표기는 Man-hee Kang이다. 그러나 동명이인인 또 다른 강만희 씨는 Gang Man-hee라고 쓴다.

한국인이 기대하는 발음은 하나밖에 없지만 서양인은 "맨 히 캥-", "갱 맨 히"라고 발음한다. '갱?' 그들의 귀에는 매우 엽기적으로 들릴 수도 있겠다.

그럴 바에야 Money Gang, 또는 Gang Money라고 표기해 주는 것이 좀더 상대에게 깊은 인상을 줄 것이다.

박朴씨도 '파크'씨와 '팩'씨의 두 종류가 있다.

Park로 표기하는 운동선수와 Pak으로 표기하는
운동선수가 함께 경기하는 경우도 많다.
남북통일 이전에 영문 표기법의 통일이 절실하다.

단상, 혹은 연상

응석

★   아이들이 어리광을 부리는 것을 응석이라고 한다.

응석을 받아 주면 좋지만 그렇지 않을 때 응석 문화는 대개

자신의 몸을 학대하는 방식으로 표출된다.

그것도 피도 안 나고 별로 아프지도 않은

머리카락을 자르는 행사에서부터 시작된다.

이보다 좀더 성숙한 응석 문화는 손가락을 자르는 조폭組暴

문화이다.

응석 문화의 최고봉은

극우 천황제를 옹호하면서 60년대에 할복割腹한

일본의 탐미 소설가 미시마 유키오이다.

"내가 이렇게까지 하는데 아직도 모르겠니?"

이것이 응석 문화의 핵심 정신이다.

적과 우군

★   옳은 소리를 하면서 적을 만드는 사람은 정치가가 아니다.

틀린 소리를 하면서 우군友軍을 만드는 사람이 정치가다.

옳은 소리를 하면서 우군을 만드는 사람은 슈퍼맨이다.

틀린 소리를 하면서 적을 만드는 사람은 얼간이다.

틀렸다.

옳은 소리를 하면서 적을 만드는 사람은 순교자다.

틀린 소리를 하면서 우군을 만드는 사람은 사기꾼이다.

옳은 소리를 하면서 우군을 만드는 사람은 별로 없다.

틀린 소리를 하면서 적을 만드는 사람은 아주 많다.

단상, 혹은 연상

죽창

★　전국戰國시대의 왜군들은 장수가 죽으면 대개 항복했다.
임진왜란 초기, 조선 반도에 상륙해 이 동네도 그런 줄
알았다.

동래부 전투와 진주성 싸움에서 조선인 장수를 도륙하고
'이만 하면 됐겠지' 하고 한숨 돌리는 순간, 머리에 수건을
동여매고 죽창을 든 이상한 사람들이 여기저기서 줄레줄레
나타난 것이다.

흰옷 입은 이상한 사람들 편에서 보면 물론 할 말이 없지는
않다. 진 것은 장수이지 자신들이 아닌 것이다.

그들은 뒤에서 송곳으로 찌르는 전법, 현대적인 개념으론
게릴라 전법으로 왜군들을 괴롭히기 시작했다.

아무리 장수를 많이 죽여도 말단 병사들은 복속服屬하지
않았다.

무슨 대단한 억하심정이 있어서가 아니라, 이들에겐 아예
복속이란 개념이 없었다. 그래서 임진왜란의 왜군들이 한참
혼났다는 이야기.

그 의병義兵 정신은 현대에도 이어지고 있다. 온라인 게릴라 전법인 사이버 테러의 위협 속에서, TV에선 무기한 단식 실황중계가 한창이다.

콩밭

★ 마음속에 꽃이 없는데 꽃구경을 가면 무엇하겠는가?
마음속에 고향이 없는데 귀촌을 하면 무엇하겠는가?
마음속에 양분이 없는데 진미를 탐하면 무엇하겠는가?
마음속에 정직이 없는데 정의를 외치면 무엇하겠는가?
마음이 콩밭에 가 있는데 진실을 논하면 무엇하겠는가?

노예

★　정어리의 치어稚魚는 크기가 멸치만 할 때 그물로 둘러싸서
　잡는다고 한다.
　놀라운 일은 그물코의 크기가 사방 50센티미터나 되는데도
　정어리 떼가 빠져나가지 않는다는 사실이다.
　긴 손잡이가 달린 양동이를 집어넣어 그저 퍼 담기만 하면
　된다.
　아마도 있으나 마나 한 성긴 그물을 하나의 운명으로
　체념하는지도 모른다. 바보거나 노예근성이 있는
　물고기임에 틀림없다.

　단상, 혹은 연상

당명

★ 해방 직후에 수백 개의 정당이 난립했다.

창당할 때마다 좋은 당명黨名을 찾다 보니 그럴듯한 단어는
그때 거의 씨가 말랐다. 대한, 민주, 독립, 평화, 자유, 공화,
진보, 시민, 통일, 신新, 한韓, 근로, 혁신, 개혁, 창조, 국민….
4·19와 80년대를 지나면서 정치 용어들이 심각히
오염되었고 그나마 쓸 만한 단어들은 거의 바닥이 났다.
그래도 정당은 끊임없이 생겨나고 사라졌다.

그래서 단어 두 개씩 짝을 지어 당명을 짓기 시작했다.
민주평화, 한국민주, 민주공화, 진보평화, 신한민주,
평화민주…. 형용사, 관사도 들어가기 시작했다. 열린,
우리, 좋은, 새….

이젠 새로운 당명을 만드는 대신, 당을 자주 바꾼다. 10년
사이 8번이나 당을 바꾼 사람도 있다. 좋은 우리말이
고갈됨에 따라 다음엔 서양 말로 당명을 지을 차례다.
외인들은 한반도와 달리 단어를 학대하지 않으므로 같은
이름, 같은 당명을 오래 써도 괜찮다.

모든 언어는 오염되고 화석화된다.

운전수

★ 직업인의 호칭도 그동안 꾸준히 변해 왔다.

간호부→간호원→간호사.

운전수→운전사→운전기사→기사님.

소제부→청소부→청소원→환경미화원.

환경미화원의 '원員'자가 조만간 또 불안한

요소가 될 터이므로 미화사美化士→미화

기사技士→미화사美化師→미학사美學士→미화관官 식으로

변해 갈 게 예상된다.

글자의 상향조정은 인식의 하향조정에 원인이 있다.

남편의 호칭이 서방님→당신→자기→오빠→짜식으로

바뀌는 현상과는 근본적으로 다르다.

바다 건너 왜倭 나라에선 운전수手는 여러 세대가 지나도

여전히 운전'수'이다. 사람한테 '손'이라니 ….

인권과 예의를 모르는 사람들이다.

신문 배달

★ 신문을 종이로 보던 시절, 한동안 신문 뭉치가 아파트
현관문 오른쪽에 얌전히 놓여 있었다.
대개는 현관문 왼쪽에 던져 놓고 가는 바람에
문을 열면 저만큼 밀려가기 일쑤였다.
아니나 다를까, 수금하러 온 신문 배달원을 대면하니
검은 얼굴의 파키스탄 젊은이다.
3개월쯤 후부턴 다시 원위치되어 버렸다.
비가 올 때도 그냥 바닥에 던져 놓고 갔다.
그래서 배달원이 바뀌었음을 즉각 알 수 있었다.

카스트 제도

★ 인간을 몇 개의 계급으로 나누는 인도의 카스트 제도는
    현대 지성의 규탄을 받고 있지만,
    적어도 사람이 4종류로 나뉘는 것은 분명한 것 같다.
    자기가 사람이라는 것을 아는 사람.
    자기가 사람이라는 것을 모르는 사람.
    자기가 사람이 아니라는 것을 아는 사람.
    자기가 사람이 아니라는 것을 모르는 사람이다.

단상, 혹은 연상

브라운 씨

★ 한 세대 전만 해도 이른바 브라운색色은 '똥색'으로 불렸다.
이런 맥락이라면 서양의 가장 흔한 성姓인 브라운 씨는
'똥 씨'가 된다. 갈색, 등색, 더 나아가 황금색 같은 무난한
표현을 두고 왜 하필 '똥색'이었던가?
구한말에 가마를 타고 종로 거리를 지나간 서양 선교사
한 분은 메인 스트리트 곳곳에 똥이 버젓이 널려 있고
(개똥만은 아니다), 아무도 그리 큰 주의를 기울이지
않는다고 여행기에 적었다.
모두가 가난했지만 건강했기에 똥색은 거의 황금색을
띠었다. 지금도 여전히 비슷한 색깔의 물건을 생산하는
황소의 그것처럼 ….
요즘 브라운을 똥색이라 부르는 사람은 거의 없지만, 혹시
부르려 해도 현대인들의 똥색을 감안하면 그 색은 전혀
다른 색이 될 수밖에 없다. 짙은 회색이거나 짙은 자주색과
검은색이 뒤섞인 흉측한 색이다.
그럼에도 불구하고 사람들, 굳이 브라운을 똥색으로 불러야

할 필요가 없는 사람들까지도 마음속 저 깊은 곳에서는
똥색과 브라운이 비슷하다고 인식하고 있다.

흰색과 검은색을 섞었을 때 나오는 색도 어떤 사람은
'은색'이라 부른다. 귀금속인 은銀을 연상하기 때문인데,
또 어떤 사람은 회색灰色이라 부른다. 나무가 타다 남은 재를
연상하기 때문이다.

은색과 회색이 비록 비슷하다 해도, 의식 속의 색깔은
하늘과 땅처럼 다르다.

청문회

★ 청문회에 나온 장관 후보자와 짜장면의 공통점은,
   조리 과정에 대해서 굳이 알려고 하지 말고
   그저 눈 딱 감고 먹어야 한다는 것.

김치와 깍두기

★   심장병 전문의로 이름을 떨치는 친구가 있다. 그는 자타가
공인하는 명의名醫이다. 그러나 전립선에 관해서는 잘
모른다.

심장과 전립선의 직선거리는 50센티미터가 채 안 된다.

"드라마에서 극적인 효과를 높이는 방법은?"

"자알~ 하면 됩니다"란 대답이 돌아온다.

제작 현업 시절, 부서 발령을 받아 온 드라마 조연출 출신
후배 하나가 "저는 드라마를 했기 때문에 다큐멘터리는 잘
모르는데요…"라고 미안한 표정을 지었다.

극단적인 예지만, "저는 심장 전공이라, 허파는 잘
모르는데요…", "저는 김치 전공이라 깍두기는 잘
모르는데요…"와 같은 말이다.

전쟁

★ 마약과의 전쟁, 사이비 기자와의 전쟁, 탈세와의 전쟁….
담배와의 전쟁, 교통사고와의 전쟁, 부정부패와의 전쟁….
이상하게도 문민정권 아래에서 전쟁의 종류가 더 많아졌다.
그러나 모든 전쟁에 다 이겨도 한 군데서는 패하게 되어
있다.
선생님 촌지봉투와의 전쟁이다.

동심 童心

★ 흔히 자폐증이라 불리는 발달장애아들은
몸은 20대 청년이나, 의식은 6살 어린이에 머물러 있다.
모든 장애아들의 부모가 그렇듯 참으로 견디기 힘든
일이다.
그러나 생각해 보면 대여섯 살의 순수한 동심을 떠나고
싶지 않고, 떠나보내고 싶지 않은, 본인이나 부모의 간절한
집단 욕구가 이런 장애아들로 표출되는지도 모른다.
장애청소년들로 구성된 오케스트라가 훌륭히 연주를
끝낸다.
곡 하나를 연습하는 데 6개월가량 걸린다고 하는데,
이들의 연주로 인해 더 큰 용기를 얻는 것은
비장애인들이다.

아이큐

★ IQ 150 이상의 한국인 10명이 모이면,
그 평균 IQ는 100 이하로 떨어진다.
IQ 100 이하의 일본인 10명이 모이면,
그 평균 IQ는 150 이상으로 올라간다.
개별 IQ와 평균 IQ가 일치하는 일은 드물다.
측정 IQ와 실제 IQ가 일치하는 일도 드물다.

휴가

★   한국인들은 여전히 OECD 국가 중에서도
가장 일을 많이 하는 것으로 조사되었다.
정부에서도 이를 의식해 '의무 휴가' 일수를 채우도록
독려하고 있다.
이런 제도를 마련하고 추진하는 정부 부처의 담당 공무원은
이 정책을 수립하느라 결국 휴가를 가지 못했다고 말했다.
생산성과는 별로 관계가 없다. 조사된 바에 의하면 여전히
최하위에 머물러 있다.

단상, 혹은 연상

골프채

★ 아마추어 골퍼 중에는 라이벌이 사용하는 골프채에 특히
신경이 곤두서는 사람들이 많다.
혹시 자신보다 더 좋은 명품 도구를 사용하는 것이 아닌가
하는 우려 때문이지만, 근본적으로는 공이 잘 맞지 않는 데
원인이 있다.
"어때, 그 채 잘 맞아?" 그는 심드렁하게 슬쩍 물어본다.
"어때, 그 식칼 잘 들어?", "어때, 그 붓 잘 써져?"와 비슷한
말이다. 그러나 그가 도움이 될 정보를 얻을 확률은 거의
없다.
골프채가 썩 맘에 든다면 그런 사실을 결코 라이벌에게
알려줄 리가 만무하다. 백발백중 "별로야…"라는 대답이
돌아온다.
물론 골프채가 실제로 별로라면 "야, 이거 물건인데?"라는
대답이 돌아온다.

두통

★ 문자^{文字}방식을 대하는 인류의 고민은 둘밖에 없다.

소리를 기록할 것인가, 뜻을 기록할 것인가이다.

중국을 둘러싼 민족은 이상하게도 모두 소리글자를 쓴다.

티베트, 몽골, 만주, 위구르, 미얀마, 태국, 월남, 한국, 일본

등이다.

소리글자는 20여 개 안팎의 알파벳이 일정한 발음을

나타내기 때문에 설사 뜻은 몰라도 쉽게 발음할 수가 있다.

글자체가 단순하고 쓰기 쉬워 기계화에도 유리하다. 다만

동음이의^{同音異義} 현상은 심각하다.

"서울 체고, 3연패"

체육고등학교가 세 번 연속 패한 것이 아니라 세 번 연속

패권을 차지했다는 내용.

"전륜구동을 사려고 했는데 전륜구동을 사왔다"

前輪과 全輪.

"노안수술을 받기로 했는데 노안수술을 받았다"

老眼과 老顔.

한자로 대표되는 뜻글자는 수백을 넘는 자소字素로 인해 글자 수는 수만에 달하고, 소리와 연계된 기호가 아니기 때문에 발음은 종잡을 수가 없다.

형태가 복잡해서 쓰기가 번거롭고 기계화에 절대적으로 불리하다. 동양의 후진성을 초래한 주범이라는 비난도 받아 왔다(물론 동양의 황금 시기에는 그런 말이 없었다).

그러나 글자 수가 많은 만큼 뜻을 혼동할 여지가 줄어들고, 글자 모양에서 뜻을 짐작할 수도 있다. 오랜 역사 속에서 축적된 인류의 지적 경험을 접할 수 있다는 것도 큰 장점이다.

두 형태 중 어느 쪽이 우수한가를 따지는 일은 부질없다. 지구상의 인류가 이미 양쪽의 장단점을 반반씩 나눠 갖고 있기 때문이다.

몽골 제국이 붕괴된 이후 몽골인들은 수많은 고초를 겪었다. 외국에 점령될 때마다 이들의 문자생활에도 여러 번 공백 기간이 생겨났다. 부족마다 쓰는 말이 다른 데다가 청나라 문자를 쓸 때도 있었고, 러시아 키릴 문자를 쓸 때도 있었다.

원래 음성언어란 시간이 갈수록 발음이 변하게 마련인데, 오랜 세월이 흐르면 소리글자로 기록된 말의 원형이 무엇인지 알 수 없는 경우가 생긴다(우리말의 '꽃'도 몇 세대 전에는 '곶'이었다). 칭기즈칸의 자랑스러운 역사가 담긴 《몽골 비사秘史》도 소리글자인 몽골 고유문자로 기록되는 바람에 역사의 상당 부분이 아직도 해독되지 못하고 있다 한다.

단절된 역사를 산 풍운의 민족이 뜻글자 아닌 소리글자를 쓸 때의 비사悲史로, 수천 년의 기록을 지금도 버젓이 해석할 수 있는 중국의 사정과는 대비된다.

불행하게도 우리말 단어의 70~80%는 한자어이다. 사회가 복잡해지고 전문화될수록 새로운 용어는 더욱 늘어난다. 문제는 이들 대부분의 단어가 의미구조는 조어력造語力과 축약력縮約力이 우수한 한자에 의존하고, 그 표기는 소리를 적기에 편한 순 한글에 의존한다는 데 있다.

결국 뜻과 소리가 겉돌면서 한글 표기는 발음기호의 차원으로 전락할 때가 많다. 그러나 더 심각한 문제는 한자어를 대체할 만한 순우리말의 개발보다 새로 만들어지는 한자 용어가 더 많다는 데 있다.

한자와 한글의 문제는, '삼키기에 조금 쓰지만 약효가 고정적인 약을 먹고 두통 없이 살 것인가?', '삼키기엔 수월하지만 약효가 유동적인 약을 먹고 가끔 두통에

단상, 혹은 연상

시달릴 것인가?'의 문제이다.

가장 좋은 약은 두 가지를 함께 복용하는 것이다.

오랜 고민과 시행착오 끝에 결국 그렇게 결론을 내린

일본처럼….

실상 한글의 약점을 보완하는 데 필요한 500자 남짓의

한자는 배우기에 그리 어렵지 않다. 어린이도 초등학교를

졸업할 무렵이면 거의 다 배울 수 있음이 실험으로

증명되었다. 또한 교육이란 그 정도의 어려움을 극복하는

과정이기도 하다.

그러나 정작 한글학회의 어르신들은 그 '어려운' 한자에

통달하고 있으면서도 일반 민중이 배우기엔 쉽지 않을

것이라고 주장한다.

국민을 바보로 간주하고 있는 것이 틀림없다. 아니,

국민을 바보로 만들고 있는 것이 틀림없다.

미몽迷夢

★ 한자漢子는 획수가 많다.

용龍은 Dragon보다 획수가 많다.

가家도 House보다 획수가 많다.

교校도 School보다 획수가 많다.

그러나 쓰는 데 드는 시간은 비슷하다.

부父는 Father보다 획수가 적다.

인人은 Human being보다 획수가 훨씬 적다.

일一은 세상에서 제일 적다.

획수와 번거로움을 떠나 끝내 뜻을 알 수 없는 것은

용, 가, 교, 부, 인, 일 … 이다.

계란

★ 이상하다면 이상하고 이상하지 않다면 하나도 이상하지
   않다.
   "개처럼 움직이는 장애물도 피할 수 있을까?"
   장애물이 개처럼 움직이고 있는 것이 아니라, 개가
   움직이는 장애물을 피하듯이 (로봇이) 장애물을 피할 수
   있을까?란 뜻이다.
   "인구 500만의 수도이자 경제중심지 … "
   나라의 인구가 500만인지 수도의 인구가 500만인지
   전문을 읽어 봐야 한다.
   "불완전한 뇌 실험"
   불완전한 것이 뇌인지 실험인지 … .
   "그런데 보수단체들의 눈살을 찌푸리게 하는 행동은
   여기서 그치지 않는다."
   눈살을 찌푸리는 것이 보수단체인지, 그들을 보는 다른
   사람들인지 … .
   "황장엽, '망명 전 장성택과 김정일 제거 모의' 진술."

장성택이 망명하기 전 함께 모의했다는 것인지, 장성택과

김정일이 망명하기 전에 제거하기로 모의했다는 것인지 … .

모의 했던 상대가 장성택인지, 자신이 망명하기 전

제거하려고 했던 상대가 그 둘 다인지 … .

"두 부부"

부부 두 사람인지, 두 쌍의 부부인지 … .

"눈이 안 보이는 사람"

손수건으로 가려서 눈을 볼 수 없는 사람인지, 아니면

시각장애인인지 … .

"스웨덴 의사, 5년간 직접 만든 벙커에 여성 감금, 성폭행"

벙커 만드는 데 5년이 걸렸다는 것인지, 손수 만든

벙커에서 5년간 감금 폭행을 했다는 것인지 … .

"아내와 저 애를 데려다 키웠지."

아내와 함께 어떤 아이를 데려다 키운 것인지, 아내와

아이를 함께 데려다 키운 것인지 … .

"6세 때 집을 나간 아버지는 행방이 묘연하다."

아버지가 6세 때 집을 나간 것인지, 제3자가 6세 때

아버지가 집을 나갔다는 것인지 … .

"장모님을 아들처럼 모시며"

아들이 모시듯이 장모님을 모신다는 것인지, 장모님을 아들

모시듯이 모신다는 것인지 … .

"조선업계, 지난해 만 5천 명 떠나…"

지난해에만 5천 명이 떠났다는 것인지, 지난해에 1만 5천
명이 떠났다는 것인지….

"제가 있는 곳으로 오셔서 거래하면 108만 원, 제가 계신
곳으로 가서 거래하면 110만 원입니다."

설명 생략.

어법의 모호함은 소통의 모호함이기도 하다.
여기선 개념이 무개념이 된다. 실로 우리 사회의 모든
비효율적인 갈등은 여기서 비롯되는 듯하다.
이들에 비하면 "계란이 타고 있어요"란 고지문을 뒤에
붙이고 달리는 소형 트럭은 애교가 있다. 외출한 사이
프라이팬에 올려놓은 계란을 걱정하는 것이 아니라, 계란
운반 트럭이다.

대화

★ 여든다섯에 돌아가신 선친先親은 당신의 자녀들 말버릇인
   '와라, 가라'라는 말에 질색을 하시곤 했다.
   '오너라, 가거라'지 그런 어법이 어디 있느냐는 말씀이다.
   무릇 말을 하고 사는 사람들에겐 두 가지의 피치 못할
   선택이 기다리고 있다. 문법에 맞는 말을 할 것이냐,
   세간에서 쓰는 어법을 따를 것이냐.
   '퀸즈 잉글리시'를 배울 것이냐, 'GI 영어'를 배울 것이냐….
   오늘도 우리의 자녀들은 "안녕하세요" 대신 "안냐세여"라고
   인사한다.
   '낫닝겐', '개이득', '답정너', '버카충', '벌구'….
   마침내 '읽씹'도 등장했다. 카톡의 문자를 읽었으나 답을
   하지 않는(씹어 버리는) 행위를 가리키는 신조어라 한다.
   인터넷과 휴대폰의 폭증에도 불구하고 심화되는 것은 우리
   사회의 대화단절만이 아니다.

카오스

★ 젊은 세대의 말투가 버릇없어진다는 것은 잘못된 생각이다.
이들의 존댓말 사용은 처절하기까지 하다.

병원의 간호사, 백화점 점원, 대학생, 연예인… 젊은 세대의
말투가 모두 한결같다.

골프장 캐디의 말. "바람이 세게 부십니다", "남으신 거리는
80미터시구요", "공이 잘 올라가셨는데요", "바닥이
미끄러우시니 조심하세요".

치과 간호사의 말. "아-, 하실게요."

요즘 들어 부쩍 단어의 용법이 카오스 상태로 들어가고 있다.

'다르다'와 '틀리다', '굵다'와 '두껍다', '가늘다'와 '얇다',

'얕은'과 '낮은' 등을 뒤섞어 사용한 지는 오래된다.

네 팔은 '두껍고', 내 다리는 '얇으며', 네 책은 '굵고', 내
공책은 '가늘다'.

"낮은 물을 건널 때도 얕은 자세를 유지해라."

"버스가 쓰러지고, 나무는 넘어졌다."

사람이 쓰러질 때와 넘어질 때는 분명히 '틀리다'.

유서

★　대머리에 불같은 성품의 고고학자 삼불三佛 김원룡 박사.
서울대 박물관장으로 재직 시 연구실 벽에 '유서遺書'가 든
허름한 봉투를 마지막 잎새처럼 아무렇게나 테이프로 붙여
놓고 계셨다.
허긴 그보다 더 좋은 곳도 없겠다는 생각이다.
막상 일을 당한 뒤에 유족이 유서를 발견하지 못한다면
무슨 소용이란 말인가.
유서의 소재지를 알리는 쪽지를 벽에 또 한 장 붙이느니,
바로 본건本件을 제출하는 직설화법이 합리적이다.
천문학자들의 수십억 년, 지질학자들의 수억 년보다는 좀
못하지만, 고고학자들도 수만, 수십만 년쯤은 우습게 본다.
그래서였을까. 한창 나이인 50대 초반에 유서를 써 붙이고,
그 스트레스 속에서 17년 이상 분分을 쪼개 가며 바삐
사시다 가셨다.

박서보〈묘법〉전시회

단상, 혹은 연상

색色

★ '이게 뭐지?'

아무도 입 밖에 내서 말하지는 않지만, 그런 표정들이다.
그러나 그것도 이쪽의 지레짐작일 뿐, 관람객들은 별다른
표정 변화를 보이지 않는다.

벽지 같기도 하고 낙서한 것 같기도 하다. 큰 창문 크기의
흰색 바탕에는 끝없이 되풀이되는 연필 흔적만 가득하다.
그 옆의 붉은색, 청색 캔버스에는 온통 밭이랑 같은 홈이
파여 있고, 그 어디쯤에 자그마한 사각형 틀이 몇 개 리듬을
타고 열려 있다.

'정말 이게 뭐지?'

이름 있는 원로작가의 심오한 그림이라 하니 함부로 평을
할 수도 없다. 잘 모를 때는 침묵을 지키는 것이 자신을
지키는 것이다. 그러나 이 침묵은 오래가지 않는다.

전시회 오픈 행사가 끝나고 돌아오는 길, 원로 화백의 두 살
반 된 손자가 할머니 품에 안겨 현관문을 들어선다. 마침
신발장 위의 벽지를 발견하고는 의기양양하게 한마디 한다.

"여기… 할아버지 그림….'

현대의 추상미술은 현대무용만큼이나 어렵다. 아는 체할
수도 없고 모르는 체할 수도 없다.
그래서 생각한다. 이 그림을 도대체 어떻게 보아야 할
것인가.
박서보[1931~]는 지난 40여 년간 줄곧 추상미술, 그것도
〈묘법[描法]시리즈〉라고 불리는 난해한 그림만을 그려 왔다.
최근에는 몇몇 화가들의 작품과 함께 '단색화[單色畵]'라는
이름을 얻으면서 세계의 조명을 받고 있다.

〈묘법 시리즈〉는, 작가 자신의 설명에 의하면,
'탈[脫]이미지'를 표방함으로써 시작되었다고 한다. 아마도
이것이 유일한 단서가 될지도 모른다.
이미지[image]에 해당되는 우리말은 대략 3가지가 있는데,
형상[形象]과 영상[映像]과 심상[心象]이다.
형상은 '사물의 모양, 형체'의 뜻으로, 우리 눈을 통해
들어오는 외부의 물리적 시각정보에 토대를 두고 있다.
사람이 있건 없건, 눈을 뜨고 보건 보지 않건, 원래 그곳에
'있는' 존재이기도 하다,
영상[映像]은 '투영[投映]된 형상'이란 뜻으로, 형상이 카메라

렌즈를 통해 감광판에 투영되고, 그렇게 투영된 영상이
스크린에 재再투영되는 메커니즘적 개념에 토대를 두고
있다. 우리 눈의 수정체와 망막도 동일한데, 매스미디어
시대를 사는 일반인에게는 이 용어가 더 친숙하다.

심상心象 역시 과정은 동일하나, 최종적으로 투영되는 곳이
'마음속'이라는 점이 영상과 크게 다르다. '마음속에 떠오른
영상'이란 뜻으로, 시詩를 포함한 문예 전반을 논할 때 자주
거론되는 개념이다. '이미지'에 가장 가깝고 포괄적 의미를
담고 있는 한자문화권 용어라 할 수 있다.

예컨대 나체 모델이 눈앞에 서 있다면 형상이고, 카메라
뷰파인더에 비친다면 영상이며, 그로 인해 음험한 상상을
한다면 심상이 된다.

이처럼 세 가지 말이 쓰이는 것은 번역상의 문제라기보다는
'이미지' 자체가 원초적으로 세 가지 속성을 함께 아우르고
있기 때문일 것이다.

여기서 매우 중요한 개념이 하나 등장하는데, 바로 '투영投映
또는 投影'이라는 행위이다.

'투영'은 글자 그대로 '던진다cast'라는 행위에 기반을 두고
있다. 영어의 cast 역시 '던지다'란 뜻 외에 '그림자를
드리우다', 더 나아가서 '묘사描寫하다'란 뜻도 갖고 있다.

박서보 작, 〈묘법〉 No.931215, 1993

단상, 혹은 연상

던지는 행위는 사물과 사물의 대립 충돌을 전제로 하고,
충돌은 필히 사물의 변형을 전제로 한다. 생일 케이크를
얼굴에 던지면 지방 덩어리가 된다. 영상뿐만 아니라
화가의 작업에서도 비슷한 일이 벌어진다. 최초의 형상이
스크린(캔버스)에 충돌하고(그려지고), 또한 우리 망막에
충돌하는 과정에서 심각한 왜곡과 변형이 일어나는 것이다.
이것을 주도하는 필터가 우리 눈의 수정체와 카메라
렌즈이다. 과학적 산물이라는 렌즈는 결코 정직한 기계가
아니다. 물리적 특성 때문에 형상, 특히 사물의 원근감은
심각하게 굴절되고 왜곡되며 재再가공된다.
따라서 최초의 형상과 재가공된 영상은 동일할 수가 없다.
동일하지 않기 때문에 창작이 가능하다는 역설逆說이
성립된다. 모든 예술가의 작업도 비슷하다.

그러나 사태가 심상心象에 이르면 문제는 조금 더
복잡해진다.
사람의 눈을 통해 망막에 '던져진' 영상은 두뇌를 거치면서
우리 마음속의 어떤 요소와 뒤섞이고 화학적으로 변질되며
재가공된다(그 필터가 마음속의 어떤 요소인지는 영원한
수수께끼로 남아 있다).
국가 이미지, 상품 이미지, 공포의 이미지 등 특유의 경험과

취향에 따라 형성되는 각자의 느낌, 특정 사물에 대한
감정의 덩어리 … 가 곧 심상心象이지만, 이들은 당연히
실체와는 거리가 멀다. 뿐만 아니라 거기서 더 골치 아픈
문제가 파생되는데 바로 심상의 확산 현상이다.

영상은 하나의 형상에서 하나만 생겨나지만, 심상은
무수히 많은 종류가 무한대로 가지를 친다. 예컨대
동일한 파란색을 보고도 혹자는 '우울'을, 혹자는 '희망'을
떠올린다. 여우를 보고도 때에 따라선 '간사함'을, 때에
따라선 '지혜'를 떠올린다. 이론상 인류의 숫자만큼이나
많은 심상이 가능하다. 때문에 최초의 실체는 심상을
거치면서 그 형태를 알아볼 수 없을 만큼 변형된다.

이런 이유로 작가나 관객은 각자 무한 확산하는 심상
중에서 하나를 '선택'할 수밖에 없는데, 그 둘은 서로 일치할
때도 있고, 어긋날 때도 있다. 일치할 때 우리는 그것을
'공감'이라 하고, 공감이 극에 달하면 '감동'이라 부른다.

형상과 영상은 객관이라는 미덕을 먹고 살지만, 심상은
주관이라는 멍에를 안고 산다.

영상은 눈에 보이는 이미지지만, 심상은 눈에 보이지 않는
이미지이다. 형상과 영상은 눈을 감으면 보이지 않지만,
심상은 눈을 감으면 더 잘 보인다(고향 생각에 잠긴 사람치고

눈 뜨고 있는 사람은 별로 없다).

그 최대의 수혜자는 이미지를 먹고 사는 세상의 모든 예술가들이다. 박서보 화백도 예외는 아니다.

심상 중에 자신이 선택한 것만 남기고 나머지를 과감하게 버리는 행위가 곧 추상화 작업의 출발점이라면, 수많은 심상 중에서 나머지를 버리고 자신의 선택만을 고정시키는 행위가 곧 추상화 감상의 종착점이다.

과연 박서보가 '탈脫'하고자 하는 이미지가 셋 중의 어떤 것인지는 현재로선 알 수가 없다.

만약 그것이 형상적 이미지라면 그는 구태여 힘들게 탈출할 필요가 없다. 이미 한 세기 훨씬 이전부터 진행되던 형상적 이미지의 청산작업은 현재 그 끝자락에 와 있고, 그는 처음부터 그 끝자락에서 출발했기 때문이다.

미술뿐만 아니라 모든 예술 사조는 기존의 앞선 질서를 거부하고 파괴하는 작업을 통해 새로운 출구를 모색한다. 인상파 이후 사물의 형상은 꾸준히 파괴되어 왔다. 사물의 모방, 자연의 복제품으로서의 사실주의 미술은 이미 오래전부터 화석화가 진행 중이었다.

그렇다면 심상적 이미지의 경우는 어떤가? 이 역시 별반 다를 게 없다. 앞서 언급한 대로, 사람이 살아 있는 한,

눈을 뜨고 사물을 보는 한, 세상 만물은 모두 심상화化된다. 유일한 예외는 심장이 없는 사람이다.

따라서 심상적 이미지는, 유감스럽게도, 결코 탈출의 대상이 아니다. 눈을 감으면 더 잘 보이기 때문에 죽음 속에서만 탈출이 가능하다.

이미지 덩어리 속에서 이미지를 거부하는 역설, 불가능할 뿐 아니라 불필요하기도 한 탈출을 운위云謂하는 것은 무의미하다.

다만 영상적 이미지는 사정이 조금 다르다. 투영投映 행위 자체를 거부하고 그곳에서 탈출하는 일은 가능하다. 촬영 감독이 파업하는 것에 해당된다. 그러나 이 역시 무모하면서 모순적이기는 마찬가지다. 무모하다고 하는 것은 자신의 '존재'와 '행위'를 부정하기 때문이고, 모순적이라고 하는 것은 그의 작품명이 여전히 〈묘법描法〉이기 때문이다.

묘描는 일상에서 '그리다'의 뜻으로 쓰이지만, 원래는 밑그림 위에 반투명한 종이를 놓고 선線을 따라 그대로 모사하는 행위를 말한다. 바로 투영의 또 다른 이름인 것이다.

결국 지난 40년 동안 그는 도대체 무엇으로부터의 탈출을

꾀했던 것일까? 나비의 퍼덕임처럼 그저 하나의 몸짓에
불과했던 것일까? 탈출할 수도 없고 탈출한 적도 없다면,
결론은 자명하다. 시도 자체가 틀렸거나, 그가 말하는
이미지가 실은 '다른 것'을 의미하거나… 이다.
여기에 한 가닥 힌트를 던지는 것이 바로 '색^色'이다.
앞서 언급했듯이 그를 중심으로 한 몇몇 원로작가들의
작품은 요즘 단색화^{單色畵}라는 이름으로 불린다. 단일한 색을
쓴다는 뜻이겠지만, 영어로 'Dansaekwha'라 표기하는
이유는 서구적 개념의 모노크롬^{Monochrome}이 아니기
때문이다. 그럼 무엇일까? 그 명칭은 단색^{單色}의 색^色이
무엇을 지향하느냐에 따라 유효하기도 하고 무의미하기도
하다.
색^色은 기본적으로 컬러^{color}를 뜻하지만, 동아시아
불교에서는 다소 철학적인 의미가 가미된다. 형체를
갖고 있는 '세상만물', 즉 형상^{形象}뿐 아니라, 욕망과
번뇌를 일으키는 모든 주체도 색이라 부른다. 물론 sex를
의미하기도 한다.

색의 반대 개념은 공^空이다. 공^空은 '비어' 있는 것이지만,
무^無와는 다르다.
그런데 색과 공은 둘이 아니다. 테제^正의 대척점에

안티테제反가 있지만 그 둘은 변증법적 합일合一을 기다리는
역설적 존재에 불과하다. 일컬어 불교에서 말하는
색즉시공色卽是空이요, 공즉시색空卽是色의 세계다.
"형상이 곧 없음이요, 없음이 곧 형상이다", "이것을 직관할
때 완전한 해탈을 득得한 자유인이 될 수 있다".
이 역설의 구조가 성립될 때 그가 평소에 입버릇처럼
말하는 작가의 변辯도 비로소 이해의 영역 안으로 들어온다.
스님이 목탁을 두드리면서 자기를 비워 내듯이, 무목적성과
끝없는 반복을 통해 행위行爲와 물성物性, 피彼와 아我, 작용과
반작용의 합일合一을 도모하는 여정旅程이다.
충돌 속에서는 합일이 불가능하고 합일이 없는 상태에서는
영혼의 화해가 불가능하다. 여기서 그가 탈출하려는 대상이
어렴풋이 그 모습을 드러낸다.

이에 비하면 그가 어떤 재료를 쓰고 어떤 도구를
쓰는지 … 등은 모두 부차적인 사항에 불과하다. 한지韓紙를
쓰면 어떻고 연필을 사용하면 어떻단 말인가? 유성물감을
긁어내면 어떻고 수성페인트를 후벼 파면 어떻단 말인가?
저간에 어떤 사정이 있었는지, 작가의 고뇌가 어떤
것이었는지 관객들이 어떻게 안단 말인가? 작가의 입을
빌리기 전에 모든 것을 말해 주는 것은 작품일 터이다.

또 그 기법이 아무리 신묘神妙하다 하더라도 기技를 논하는
것은 반세기 이상 〈묘법〉 한길만을 달려 온 고집불통
예술인에 대한 예의가 아니다. 최소한 그의 말마따나 기氣를
논하는 자리가 되어야 한다. 기법과 재료와 도구는 그가
말하는 작가 자신의 '손맛'을 만족시키는 지엽적인 요소에
불과하다.

우리가 홈런에 열광하는 이유는 그것이 승패에 끼친 영향
때문이지, 타자의 짜릿한 손맛 때문은 아니다. 담론의
수위水位가 이 선에 머물면, 예술행위를 스스로의 울타리에
가두는 '그들만의 리그'가 될 수밖에 없고, 실제로 그렇게
되어 왔다.

우리는 위대한 건축물을 대할 때 철근이나 시멘트의
종류를 논하지는 않는다. 기중기를 사용했느냐 손수레를
사용했느냐도 따지지 않는다. 건축가가 직접 벽돌을
날랐는지 아닌지도 관심 밖이다. 대신 그 속 구석구석에서
뿜어져 나오는 작가의 미학美學과 세계관世界觀을 음미할
뿐이다.

박서보는 색色을 더 이상 단순화할 수 없을 때까지
단순화해서 마침내 공空에 도달하려는 허탈한 작업을
계속해 왔다.

박서보 작, 〈묘법〉

단상, 혹은 연상

더 이상 없앨 것이 없고 더 이상 거부할 것이 없으면 그의
작업은 완성될까? 아니다. 단순함이 극에 달하면 공空으로
수렴하지만, 공空은 무無가 아니다. 비어 있는 것으로 가득
차 있다.

그 속에는 우주 이전의 우주, 무거운 질량質量 속을 질주하는
태초의 공간만이 남는다. 비어 있으면서도 채워져 있고
채워져 있으면서도 비어 있는 역설逆說의 세계가 펼쳐진다.
설사 그 끝에 아무것도 없다 하더라도, 그는 그 길을 갈
수밖에 없다.

'그 길을 가는 것', 이것을 법法이라 한다. 법은 Law가
아니다. 법法은 원래 물길氵이 가는去 모양새에서 만들어진
글자이기 때문이다. 그래서 어떤 일이 벌어질까? 묘법描法의
길을 따라 가는 사이사이, 그는 자신도 모르게 신들린
무당과 바보 사이를 하염없이 오간다.

박서보 화백의 작품에 대해 관객(감상자)이 어떤 반응을
보이고 어떻게 받아들일지는 또 별개의 문제이다. 공감하는
사람도 있을 것이고 시큰둥한 사람도 있을 것이다.
이것은 심상心象의 멍에를 지고 있는 현대미술의 공통된
업보이기도 하다.
다만, 그가 흩뿌리는 심상이 아무리 산더미 같아도,

그 속에서 마음의 평화와 영혼의 구원救援을 발견하고
고마워하는 현대인은 있을 것이다.

그의 투영은 충돌의 투영이 아니다. 그가 평소에 자주
말하는 '치유'의 경지이자 아름다운 화해의 출발점이다.

비어 있음은 아름답다. 비움을 도모하는 자는 바보스럽지만
당당하다. 비어 있지만 채워져 있고, 채워져 있지만 비어
있는 역설 속에서 여전히 탈출을 감행하는 것이 박서보의
화업畵業 60년이었다.

최초의 정직한 평론가였던 손주 녀석도 이제 25세가
되었다.

판권

★ 동물에 비해 과학적인 언어를 사용하는 인간이기에 매우 긍지를 느낀다는 사람들이 많다.

그러나 언어는 원래 과학적이 아니다.

과학적이 아닌 원시인들이 만들었기 때문이다.

세계의 발명 발견사에서 최초의 발상을 누가 했는가가 그리 중요하다면 세상에 고개를 들고 다닐 민족은 그리 많지 않다.

이집트인과 그리스인 정도다.

영국, 프랑스, 독일 사람들은 존재도 없다.

중국 사람도 안전하지는 않다. 불교나 쿵푸도 인도 것이다.

실상 이집트인과 그리스인과 인도인도 안전하지는 않다.

문화적으로 가장 강력한 판권을 소유하고 있는 사람들은 원시인들이다.

실수

★ 남자는 씩씩하고 참을성이 많다고 생각한다면 큰 실수를
하는 것이다.
여성 앞에서 부리는 허세에 불과하기 때문이다.
일상에서 '빨리빨리'란 말을 자주 쓴다고 해서 부지런한
사회로 착각하면 큰 실수를 하는 것이다.
모든 것이 느리고 게으르기 때문에 생겨난 말이기
때문이다.
'반성하라', '물러나라'란 말을 자주 한다고 해서 정의로운
사회로 생각하면 큰 실수를 하는 것이다.
아무도 반성하지 않고 물러나지 않음으로써 생겨난 말이기
때문이다.

로비

★　로비^{lobby}란 건물의 복도나 현관, 기다림방을 의미하는
말이다.
국회의사당의 의원 휴게실도 로비라고 부른다.
따라서 로비 활동이라 함은 입법^{立法}에 영향을 줄 목적으로
의회의 로비를 드나들며 정당이나 의회를 상대로 설득하는
일을 지칭한다.
여기까지는 정상적인 해석이다.
이것이 우리나라에 들어오면서 뇌물 행위의 뜻으로
바뀌었다.
경마^{競馬}는 인간의 경쟁심에서 시작되었겠지만 우수한 말의
혈통^{血統}을 개발 육성하기 위한 생물학적, 경제적 장치의
의미도 있다.
이것이 우리나라에 들어오면 도박, 또는 파산과 동의어가
된다.
민주주의도 마찬가지이다.

햇볕

★   햇볕의 냄새는 황홀하다.
세탁기와 탈취제가 발명되기 훨씬 전, 할머니와 엄마는
냇가에서 빨래한 이불과 옷가지를 햇볕에 널어 말리느라
온종일 분주했다.
따가운 햇볕에 바싹 마른 빨랫감을 거두어들이면서
맡게 되는 그 냄새, 장마 직후의 퀴퀴한 이불이 병아리
솜털처럼 보송보송해지면 그 위에 엎어져 한없이 그 햇볕의
알갱이들을 들이키곤 했다.
햇볕이 도대체 무슨 짓을 한 것일까.
이 냄새에 필적할 만한 냄새는 막 목욕을 끝낸 젖먹이의
아기 냄새밖에는 없다.
아기는 자체 발광發光하는 태양이다.

낯선 기억의 재구성

과학수사

★ 파워란 어떤 사물에 작용해 그것을 변형시키는 힘을 말한다.
위치나 형태 모두에 해당된다.
파워가 있는 사람은 꼭 주먹을 휘두르는 사람이 아니다.
파워가 있는 국가란 꼭 대포를 쏘는 국가가 아니다. 주변
사람과 주변 국가를 어떤 형태로든 움직이는 존재를 말한다.
만약 주변을 움직이지 못하면, 비록 엄청난 파워를 보유하고
있다 해도, 그것은 파워가 아니다. 19세기의 중국이 한때
그랬지만, 지금의 중국은 파워 국가다.
조폭이 아무런 말도, 아무런 행동도 하지 않고 슬며시
다가온다. 싱긋이 웃고 있는데 손에는 흉기도 들고 있지
않다. 행동은 오히려 정중하기까지 하다. 그 모습을 본
사람이 공손히 허리를 굽히며 기꺼이 돈 봉투를 내민다.
이것이 바로 파워의 본질이다. 아무리 첨단 과학수사의
시대라 하지만, 이것을 어떻게 수사하겠는가.
최고 권력자의 친인척 비리가 되풀이되고, 확인되지 않는
국정농단 사건에 대해 다시 수사가 시작된다고 한다.

뼈

★ 선거에 패배할 때마다,

고위공직자 비리가 터져 나올 때마다,

수뇌부는 '뼈를 깎는' 반성을 한다.

국민이 뼈를 깎아 달라고 한 적도 없고, 반성해 달라고 한

적도 없는데, 이들은 끝없이 뼈를 깎는다.

그런데도 여전히 잘 걸어 다니는 것을 보면

매우 강인한 신체구조를 갖고 있는 것이 분명하다.

정상정복

★ 1953년 힐러리 경㎖이 히말라야 최고봉을 정복한 이래,
숱한 감동의 드라마가 전 세계 해발 8킬로미터 근방에서
연출되었고 소설과 영화를 통해 알려졌다.

이제 인간이 정복하지 못한 난코스는 거의 남아 있지 않다.
설사 누가 미지의 봉우리를 정복했다고 해도 전처럼 큰
뉴스가 되지는 못한다.

한때 국력의 전시장이자 전쟁터였던 세계의 명산들은
인공위성 발사, 달 정복 등 새로운 경기장이 출현함에 따라,
이제는 아마추어의 무대이자 전쟁터가 되었다. 과거의
영웅들이 이들을 지도하는 산악 코치가 된다.

올림픽이 그렇듯, 상업성이 끼어들면서 순수한 인간의지도
조금씩 변질되는 듯하다. 누구나 체력과 재력이 단단하면
최고봉에 도전할 수 있다. 등산은 올라갈 때도 돈과 힘이
들지만, 내려올 때도 못지않은 돈과 힘이 든다. 사고가 나면
더 많은 돈과 힘이 든다.

누가 시키지도 않았는데 숱한 아마추어들이 도전했다가

가문의 영광이 되어 돌아오거나 불의의 사고로 숨져 갔다.
성공하면 인간승리의 주인공이 되고, 실패하면 국민적
슬픔의 대상이 된다. 아무도 올라가 달라고 한 적이
없는데…. 그토록 고생하면서 인간의지를 시험해 달라고
부탁한 적도 없는데…. 그들은 끊임없이 도전한다. 사고를
당한 산악인들을 수색하기 위해 엄청난 장비와 예산이
동원되고 끝내 국민적 애도의 기간마저 찾아온다.
아무도 부탁한 적이 없는데, 아무도 그토록 고생해 달라고
의뢰한 적이 없는데, 좌파로 낙인찍힌 사람들은 '민중
혁명'의 봉우리를 정복하기 위해 오늘도 가시밭길을 힘겹게
올라간다.
명산 에베레스트 봉은 아직 찾지 못한 시신이 수백 구나
남아 있고, 온갖 쓰레기들로 몸살을 앓고 있다고 한다.

4차원

★ 인공지능 컴퓨터가 프로 바둑 최고수를 이겼다고 세계가
떠들썩하다. 엄청난 사건임에 틀림없다.

인공지능은 역사 이래의 모든 지식과 경험을 흡수하면서
앞으로 점점 더 강해질 것이다. 바둑뿐만 아니라 인류를
공격할 것이란 예측까지 나온다. 아마도 개인과 모든
조직과 모든 문명이 안전하지 못할지도 모른다.

유일하게 위안이 되는 것은 인공지능이 인류가 개발한 모든
논리 구조에 토대를 두고 있다는 사실이다. 이로서 미래의
전쟁터에서 살아남을 수 있는 사람이 누구인지를 추측할 수
있다.

우선 성품 자체가 비논리적이어서 컴퓨터가 정보를
읽고 분석할 수 없어야 한다. 그 결과, 행동 자체가 예측
불가능하고 일관성이 없어 어디로 튈지를 몰라야 한다.
국가별로는 우리 한국, 개인별로는 우리 주위에 자주
출몰하는 4차원들이 그들이다.

정의

★ 망둥어도 생선인가?

  찻잔 속의 정의正義도 정의인가.

돼지

★ 집돼지와 산돼지가 친척임을 모르는 사람은 없다.

산돼지가 변종처럼 보이지만 실은 집돼지가 변종이다.

집돼지를 산야에 풀어 놓으면

3대가 가기 전에 원래의 어금니가 솟아난다고 한다.

한국인을 산야에 풀어 놓으면

3대가 가기 전에 기마^{騎馬}민족이 될 수 있을까?

선택

★　결혼식이 장례식과 다른 점은,

청첩장을 꼭 보내야 한다는 것이다.

결혼은 선택할 수 있지만

장례는 선택할 수 없다.

조상도 선택할 수 없다.

조국도 선택할 수 없다.

역사

★　인류 역사는 All for one 대 One for all의 대결.

단상, 혹은 연상

추모 공간

★ 한족漢族의 명明나라는 망했으나, 오랑캐의 청淸나라를
   끝내 인정할 수 없었던 것은 조선 주자학朱子學의 형식이며
   관념이자 명분이었다.
   부모는 돌아가셨지만, 그 사실을 끝내 인정하고 싶지 않은
   후손은 3년간 초막을 짓고 매일 부모를 모신다.
   회사는 망했으나 그것을 끝내 인정하고 싶지 않은
   종업원들은 머리띠를 두르고 오늘도 단식농성에 들어간다.

   세월호 참사로 2학년 학생 338명 중 250명을 잃은
   단원고는 1,015명이던 전교생이 765명으로 줄었다.
   교실은 세월호 참사가 일어난 뒤 추모 공간으로 바뀌었다.
   수업 교실로 쓰는 대신 희생된 학생들의 유품을 그대로
   남겨 놓는 장소가 되었다.
   지금도 책상 위에는 고이 접힌 교복 재킷과 체육복, 그리고
   학생들이 수시로 갖다 놓는 국화 꽃다발이 올려져 있다.
   참사가 일어난 지 반년도 더 지난 어느 날, 1학년과 3학년

학부모회의에서 이제 그만 정리하자는 의견이 나온다.
2학년 교실이 아이들에게 두려움과 공포를 느끼게 한다는
이유에서다. 교장은 학교 안에 따로 추모관을 만들어
희생된 친구들 물건을 보존하겠다고 했다.
그러나 살아남은 학생들은 친구들과 함께했던 소중한
공간이니 "제발 졸업할 때까지만이라도 그냥 둬달라"고
말했다.
추모는 이성이 개입할 공간이 아니다.
Virtualism, '가상현실' 속의 공간이다.

김창렬 작, 〈물방울〉

분노

★ 2주에 1천만 원이 드는 산후조리원이 화제다.

사회적 위화감을 조성하는 그런 곳에 비난이 집중된다.

사회정의라기보다는 자신의 아이가 그런 곳에 들어가지

못하는 것에 대한 분노 때문에

더 화가 난다.

특징

★ 남쪽과 북쪽은 동일한 민족, 동일한 문화권이었지만 지금은
체제와 사상이 정반대이다. 한편으론 비극이지만, 또
한편으로는 사회학 연구의 대상이 될 만하다.

오랜 세월 교류가 끊어진 채 모든 것이 정반대로 고착된
두 지역에서 여전히 공통된 특징이 발견된다? 그렇다면
이것이야말로 가장 정확히 그 민족을 대변하는 특징이라고
해도 무방할 것이다.

김치를 먹는다. 가무歌舞에 능하다.

한글전용을 한다. 정情이 많고 응석도 많다.

피해의식이 있다. 감정조절이 잘 안 되며 급하다.

대화보다는 행동을, 내실보다는 겉치레를 좋아한다.

타인에 대한 배려가 부족하다. 청렴지수가 낮다.

백년손님

★ 사위를 백년손님이라 부르는 이유는,

백 년 만에 한 번 찾아오는 귀한 손님이기 때문이 아니다.

백 년이 지나도 여전히 가족이 될 수 없는 어정쩡한

존재이기 때문이다.

단상, 혹은 연상

원죄

★　기독교는 원죄 위에 구축되어 있는 종교이지만,
　　스스로의 원죄 위에 구축되어 있는 종교이기도 하다.

　　선배와 어르신과 고관대작의 용도는
　　저렇게 살아야지, 보다는
　　저렇게 살지 말아야지, 에 있다.

슬픔

★　　장례식장의 상주가 슬픔에 겨워 엄숙한 표정을 하고 있는
　　　것은 문상객들과 절을 나눌 때뿐이다.
　　　절이 끝나면 곧 일상으로 돌아간다. 농담을 주고받으면서
　　　안부를 묻고, 큰소리로 웃기까지 한다.
　　　밤새워 술 마시고, 고스톱 판도 벌어진다.
　　　"이보게, 거기에 한국인의 해학과 지혜가 들어 있다네."
　　　어느 유명한 사학자의 해석이다.
　　　만약 떠들썩한 분위기에 휩쓸려 곧 잊을 수 있는
　　　슬픔이라면,
　　　그 슬픔의 함량은 도대체 어느 정도일까.

뉴스

★ 서울 시내의 도로 정체구간을 알려 주는 뉴스는 뉴스가
아니다.
정체하지 않는 구간을 알려 주는 뉴스가 뉴스다.
파업 뉴스는 뉴스가 아니다.
파업하지 않는 뉴스가 뉴스다.
당연한 사랑을 강조하는 것은 사랑이 아니다.

무장武將

★　실록實錄에 의하면, 임진왜란 몇 년 전, 함경북도 접경지대에
선비 출신의 군軍사령관이 부임했다.

한양의 관가에서는 상소가 난무했다. 무장武將 출신이 아닌
책상물림, 즉 인문학을 전공한 선비가 어떻게 변경의 군
지휘관이 되느냐는 것이다. 지금으로 치면 국문과 출신이
전방 사단장이 되는 것에 해당된다.

이리 차이고 저리 차이던 신임 사령관은 결국 무반武班
출신으로 교체되었다. 사령관으로서의 그의 능력을 검증할
기회는 영영 오지 않았다.

조선조 이래 지금까지 이런 인식이 팽배해 있었다.

이과理科와 문과를 구분하는 풍조는 생각보다 뿌리 깊다.
서로의 영역을 넘보는 것은 죄악이 된다. 소설가는 소설만
써야 되고, 시인은 시만 써야 된다. 소설가가 수필집을 내면
타락한 것으로 간주된다. 작고한 어떤 원로 소설가는 그런
사람을 대놓고 경멸했다.

전문가 집단을 지휘하려면 가장 뛰어난 전문가가 되어야 한다. 태권도 도장을 운영하려면 태권도의 고단자가 되어야 한다. 신문사의 장이 되려면 최고의 기자 출신이어야 한다. 군을 통솔하려면 사격 솜씨와 유격 솜씨가 뛰어난 강건한 무인이어야 한다.

그렇다면 경마장 사장은 최고의 기수騎手 출신이어야 한다? 대기업의 사장은 계산에 능한 회계사가 맡아야 한다? 그렇지는 않을 것이다.

군 사령관은 칼과 활, 창술을 배운 신체 강건한 무술武術인일 필요는 없다. 천시天時와 지리地理에 관한 인문학적인 소양을 갖춘, 부하들의 신망이 두터운 총체적인 전략가가 바람직하다.

프로야구 구단 'N'의 감독은 초라한 성적의 현역 선수 출신이다. 10년간의 안타 기록이 웬만한 선수의 1년 안타 기록과 별 차이가 없다. 통산 타율은 0.195에 불과하고 홈런은 5개, 타점은 110개였다.

일찌감치 현역에서 밀려난 뒤에는 구단 운영팀, 스카우트팀 등에서 프런트로 일했고, 수비코치, 작전주루코치 등을 전전했다. 선수로서나 지도자로서나 별로 스타성이 없는 인물이었다.

그러나 그는 존재마저 희미하던 N의 지휘봉을 잡은 지
2년 만에 리그 우승을 다투는 강팀으로 만들었다. 리더십의
핵심은 자신의 불우했던 선수 시절을 거울삼아 후배
선수들의 마음을 움직이는 데 있었다. 선수들도 그에 맞춰
스스로의 절실한 야망을 불태웠다. 이로서 그는 진정한
감독의 반열에 오르게 되었다.

지도자는 실무에 능한 사람이 아니다. 주변 사람들의
마음을 움직이는 사람이다. 자신이 잘 뛰는 사람이 아니다.
타인을 뛰게 만드는 사람이다.

바퀴벌레

★ 뉴스에 의하면, 바퀴벌레의 판도가 바뀌고 있다 한다.
국내 바퀴벌레의 주류는 독일산이다.
개체 수가 많은 4종류(독일바퀴, 일본바퀴, 미국바퀴, 먹바퀴)
중 독일바퀴가 2010년 기준으로 전체의 85%를 차지한다.
일본바퀴는 전체의 9% 정도지만, 크기가 독일산보다
두 배는 된다. 사람과는 정반대다.
한국 토종 바퀴는 어디에 가 있기에 존재도 없는 것일까?
주로 국회나 관공서 건물에 많이 서식하고 있지 않나
추정해 볼 수 있다.

양심

★ 봐라, 내가 지금까지 걸어오는 동안 주변의 풀 한 포기,
지렁이 한 마리, 심지어 도롱뇽 한 마리도 다치게 하지
않았다.
나는 그만큼 양심적으로 산 사람이다.
따라서 대통령이 될 자격이 있다,
라고 주장하는 사람이 있다….
그러나 후손들이 편하게 다니는 산길은 최초에 많은
생명을 짓밟으면서 만들어졌다는 단순한 사실을 그는
망각하고 있다.

박서보 작, 〈유전질〉 No.15-70, 1970

잡雜

★   한자어 잡雜은 우리말 단어의 앞뒤에 붙어 수많은 파생어를
    만들어 낸다.

    사전적으로는 ① 여러 가지가 뒤섞여 순수하지 않거나
    자질구레한 상태, ② 막돼먹고 보잘것없는 상태, 즉
    '허접하다'는 의미를 담고 있다.

    복잡複雜, 추잡醜雜, 조잡粗雜, 난잡亂雜, 혼잡混雜, 번잡煩雜,
    착잡錯雜 …, 어느 경우든 의미가 그다지 아름답지 않다.

    잡곡雜穀은 쌀 이외의 곡식, 잡목雜木은 볼품도 없고 쓸모도
    없는 나무, 잡종雜種, 잡석雜石, 잡견雜犬, 잡어雜魚, 잡초雜草 …,
    모두 혈통이 좋지 않은 존재를 가리킨다.

    참치잡이 어선에선 연어가 잡어가 되고, 연어잡이 어선에선
    명태가 잡어가 된다. 백합 꽃밭에 튤립이, 튤립 꽃밭에
    백합이 섞여 있으면 서로 잡초가 된다. 잡雜은 절대 개념
    외에 상대 개념으로도 쓰인다.

    사람에게 이롭지 못한 균菌은 잡균雜菌이다. 신神도
    잡신雜神이 있고, 귀신도 잡귀雜鬼가 있다. 잡귀와 의젓한

귀신의 거리는 잡범雜犯과 확신범確信犯의 거리에 해당된다.
이것저것 닥치는 대로 아는 것은 잡학雜學, 허접한 내용의
글은 잡문雜文, 신경을 긁는 소음은 잡음雜音, 쓸모없는
생각과 대화는 잡념雜念과 잡담雜談, 소소히 나가는 돈은
잡비雜費, 이것저것 닥치는 대로 먹는 것은 잡식雜食이라
한다.
어감이 좋지 않기로는 잡탕雜湯과 잡배雜輩가 있는데 모두
거칠고, 천하고, 조야粗野한 상태를 가리킨다.
다만 잡지雜誌와 잡화점雜貨店은 본뜻 외에 '여러 가지를 모아
놓은, 자질구레하지만 쓸모도 있는…'이란 뜻을 담고 있다.
여기서 한 가지 유의할 것이 잠룡이다. 대권 가능성이 큰
유력 정치인을 잠룡潛龍이라 부른다. 잠복해 있는 용이란
뜻이지만, 발음이 비슷하다고 해서 잡룡雜龍이라 쓰면
안 된다.

잡雜과 순우리말이 결합하면 잡일, 잡것, 잡놈… 등의
잡종어가 만들어진다. 그중에서도 거의 비속어에 속하는
'잡놈'은 음미해 볼 여지가 많다. '잡스러운 사람'이란 뜻의
'잡雜놈'에서 유래한 말일 터인데, 다시 한자어로 환원하면
잡인雜人이 된다. 그러나 어감과 뜻에 있어선 전혀 다르다.
'잡인 출입금지'라고 할 때의 잡인은 '관계되지 않은 사람',

'허가받지 않은 사람'이란 뜻으로 쓰이고 악의적인 의미는 크지 않다.

잡놈은 사람은 사람이되, 앞서 소개한 잡雜의 모든 속성을 갖고 있는 사람, 그중에서도 행실이 좋지 않은 사람을 말한다.

고매한 인격과는 거리가 멀고, 무식하고 비천하며 뻔뻔스럽고 정직하지 않은 사람, 지조 없이 간에 붙었다 쓸개에 붙었다 하는 사람, 개 같은 짓, 걸레 같은 짓을 하는 탐욕스러운 사람이 모두 잡배, 잡놈이다.

그러나 그중에는 왕성한 정력과 현란한 잡기雜技, 특히 스포츠와 도박과 춤 솜씨와 언변, 그리고 뛰어난 예술 감각과 재력으로 두각을 나타내는 부류도 포함된다. 여자를 홀리는 데 필요한 모든 조건을 다 갖추고 있는 사람들이다. 좁은 의미의 잡놈은 성적으로 분방한 플레이보이, 즉 '나쁜 남자'를 지칭할 때가 많다.

얼핏 생각나는 대표적인 인물이 '변강쇠'다. 닥치는 대로 여자를 정복하면서 수컷의 긍지를 과시하는 사나이다. 돈 후안(돈 조반니)과 카사노바 등은 서양 변강쇠이자 글로벌 잡놈이다. 할리우드 배우 워런 비티나 클린턴 대통령, 피카소도 비슷하다. 수백 수천의 후궁을 거느렸던 중동이나

동양의 황제는 말할 것도 없다. 아시아인 500명 중의
한 명은 칭기즈칸의 후손이라는 학술보고도 있다.
이들은 모두 사회 경제적으로나 생물학적으로 능력이
뛰어나다는 공통점이 있다. 따라서 잡놈에는 지저분한
파렴치한이나 장돌뱅이 외에, 능력 있는 백수건달이자
'성적으로 분방한 강자'란 뉘앙스가 가미된다.
다만 성적으로 분방하다고 해서 다 잡놈일 수는 없다.
만약 그렇다면 인류의 대부분은 잡놈이라는 얘기가 된다.
성적 문란은 잡놈이 갖고 있는 여러 속성 중 하나일 뿐이지
전부는 아니다.

고대 로마의 미남 정복자 줄리어스 시저는 클레오파트라를
비롯한 수많은 여자와의 관계로 유명하지만, 소싯적부터
그 밖의 행실도 결코 좋지는 않았다.
그에게 있어 돈은 빌리는 개념이지 갚는 개념이 아니었다.
자신이 파산하면 그나마 한 푼도 줄 수 없다고 협박하면서
자산가들로부터 갈수록 더 많은 돈을 뜯어냈고, 화류계에서
흥청망청 써버렸다. 악질 신용불량자 겸 협박 사기범에
해당된다.
잡놈을 논할 때 고대 동양의 한신韓信도 빼놓을 수는 없다.
한漢나라 고조 유방劉邦을 도와 대제국을 건설한 한신은

시시한 깡패의 사타구니 밑을 태연히 기어갔던 사나이로
유명하다.

소싯적의 한신은 글자 그대로 허접한 인생, 전형적인
잡놈이었다. 이에 비하면 150년쯤 뒤의 시저는 귀공자라
할 수 있다.

출신 성분은 미천하고 천성은 게으르며 품행이 엉망이라
출세는커녕 늘 남에게 빌붙어 살면서 끼니를 걱정했다.
그런 주제에 항상 칼을 차고 다니는 것을 아니꼽게 본
시장의 푸줏간 주인이 시비를 걸었다.

"네가 비록 키는 크고 칼은 차고 다닌다만, 속은 겁쟁이가
분명하다. 죽을 용기가 있으면 날 찌르고 그렇지 못하면 내
가랑이 밑으로 기어라."

그러자 한신은 두말없이 무릎을 꿇고 그의 가랑이 밑을
기었다. 최소한의 자존심도 없는 비겁한 인간의 모습이
아닐 수 없다. 여기서 '과하지욕跨下之辱'이라는 고사가
생겨났는데 가랑이 밑의 치욕이란 뜻이다.

그는 처음에 유방의 라이벌 항우項羽 진영에 참가했으나
항우가 자신의 재능을 알아주지 않자 유방 진영으로
옮겼고, 소하蕭何, 장량張良의 도움을 받아 대장군이 되어
끝내 항우를 몰락시킨다.

만약 백정을 상대로 칼부림을 했더라면 화끈하게 분풀이를

할 수 있었겠지만, 평생 살인자의 죗값을 치르느라 영웅이
되지는 못했을 것이다.

그러나 이상하게도 그 어떤 역사학자나 후손도 이들을
잡놈이라 부르지는 않는다. '영웅' 또는 '위인'이라 부른다.
클린턴과 워런 비티, 피카소도 마찬가지고, 부인 여섯에
18남 4녀를 두었던 조선조의 임금님도 마찬가지다.
비록 변강쇠적인 면모를 갖고는 있으나, 그것을 사소한
속성으로 만들어 버리기에 충분한 또 다른 무엇이 있었음이
분명하다.

동서고금을 통해 이런 유의 인간형은 하늘의 별처럼 많다.
이 특이한 인간형은 인간사人間事에 대처하는 자세가 평범한
사람들과는 다르다.
지저분한 곳에서 험하게 성장한 탓으로 웬만한 잡균이나
잡것에는 끄떡도 없다. 흔히 치욕이라 일컫는 것도
이들에겐 대수롭지 않거나 아예 개념 자체가 없다.
쓸데없는 시비, 사소한 일에 화내거나 자신의 단점을
드러내지 않으니 거기에 자신의 운명을 걸 일도 없다.
마음속 깊이 은밀한 칼을 숨기고 목적 달성을 위해 수단
방법을 가리지 않고 혼신의 힘을 다한다. 여기에 속세의
도덕적 잣대나 성적 취향, 양심 등은 별로 끼어들 여지가

없다. 잡초雜草 근성이다.

그 결과 평범한 사람들은 꿈도 꾸지 못할 일을 저지른다는 공통점이 있다. 돈을 벌기로 하면 거대 재벌이 되고, 여자를 정복하기로 하면 수십 수백 명을 울린다. 전쟁에서 이기기로 하면 정복자 또는 영웅이 되고, 걸작을 만들기로 하면 위대한 예술가가 된다.

잡놈에겐 고정된 가치관이라는 게 없다 보니 고정된 시선이라는 것도 없다. 그는 모든 세상사, 모든 인간을 목적이 아닌 수단으로 본다. 고정관념과 편견이 없는 잡탕 사고 속에서 모든 것이 다 중요하고, 모든 것이 관찰 대상이자 활용 대상이다.

오해를 많이 받고 있는 마키아벨리의 영역이다.

인류 역사 속의 전쟁은 두 종류가 있는데, 신사紳士의 전쟁과 잡놈의 전쟁이다. 신사의 전쟁이란 적의 뒤통수를 치지 않고, 어떤 상황에서도 사나이답게 진군해 승패를 결정짓는 전쟁을 말한다. 장수들은 통성명까지 하면서 맞붙었고, 포복을 비겁하게 여기는 일반 병사는 총알 앞에서도 뻣뻣이 선 채로 진군했다. 나폴레옹 이전의 많은 전투가 이에 해당된다.

그러나 잡놈의 전쟁은 포복과 매복과 기만과 사용할 수

있는 모든 사술邪術을 총동원한다. 독가스마저 사용된
제1차 세계대전 이후의 여러 전쟁이 여기에 해당된다.
맥아더라는 귀공자가 중국의 잡놈에게 호되게 당한 전쟁이
바로 한국전쟁이었다. 베트남전쟁도 마찬가지다. 잡놈의
군대는 오합지졸烏合之卒이 아니라, 불리할 때 자신을 숙일 줄
아는 집단을 말한다. 여기서 자연히 게릴라 전법이 나온다.

잡놈이 되지 않고는 부富와 권력을 잡을 수 없고, 역으로,
그것을 잡은 사람은 대부분 잡놈이라는 결론이 나올 만도
하다. 그러나 소싯적에 잡놈이 아닌 사람이 어디 있겠는가.
잡놈은 나쁜 사람일 수는 있어도 못난 사람일 수는 없다.
이들에 대한 역사의 평가는, 그가 얼마나 양심적이고
행실이 바른가에 달려 있지 않다. 그가 마침내 초래한
결과가 어떤 것이었는가에 달려 있다.
피카소는 말했다. "중요한 건 '무얼 했느냐'지 '어떤 의도로
하려 했느냐'가 아니다."
우리가 무슨 일을 할 때 잘했느냐 못했느냐 하는 판단의
근거는 우리가 내놓은 최종 산물이다. 뭔가 하려고
했으나 주위의 극렬한 방해로 하지 못했다면 그것은 끝내
하지 못한 것이다. 그때는 침묵이 자신을 변호할 때까지
기다리는 편이 아름답다.

역사는 결코 양심적인 시민, 인자한 아버지, 성실한
남편만을 기억하지는 않는다.

비록 여자는 좋아하지만, 결과적으로 인권을 크게 신장한
사람인지 아닌지 …, 미美에 대한 새로운 기준을 제시한
사람인지 아닌지 …, 국토를 개조하느라 많은 사람을
죽였지만, 그보다 더 많은 후손에게 살기 좋은 땅을
물려주었는지 아닌지 …, 고정관념의 완고한 벽을 깨고
소통疏通의 새 틀을 마련했는지 아닌지 …, 노예 상태의
민족을 일깨워 주변을 압도하는 강대국으로 만들었는지
아닌지 … 등을 역사는 기억하고 기록할 뿐이다.

우상偶像의 탄생이다.

미래의 잡놈으로 적합한 아이란, 기억력이 뛰어난 아이가
아니라 판단력, 언어구사능력, 상상력, 리더십, 정의감,
협동심, 근지, 집요한 의지, 인내심, 전략 마인드 등을
갖추고 있는 아이를 말한다. 보습학원에서 연마할 수 있는
미덕이 아니다.

사랑(쾌락)을 위해서 아내를 포기하는 사람은 잡놈이고,
아내를 위해서 사랑을 포기하는 사람은 선량한 가장이다.
최종 목표를 위해서 자신의 신조마저 포기할 수 있는
사람은 잡놈이고, 그것 앞에서 끝내 꼿꼿할 수밖에 없는

단상, 혹은 연상

사람은 갈데없는 양반이다.

한 줌밖에 되지 않는 알량한 정의감과 양심을 내세워
응석을 부리는 사나이가 아니라, '잡놈' 앞에서도 무릎을
꿇을 수 있는 위선자僞善者가 진정한 잡놈이다.《삼국지》가
재미있는 이유이다.

사자나 하이에나는 두려움과 혐오감을 주는 존재지만
이들의 약육강식은 건강한 초원 생태계를 유지하는 데
없어서는 안 될 존재이기도 하다.

의도했든 아니든, 정의롭든 아니든, 역설적으로 순純의
귀중함을 끊임없이 환기시키면서 역사 속에서 모종의
역할을 수행하는 잡雜도 동일하다.

최소한 큼직한 잡놈이 될 자신이 없으면 국가개조 사업에
뛰어들지 말 일이다. 국가개조란 무자비한 전쟁터이기
때문이다.

"여의도에 '잡놈'이 그렇게 많은 줄 몰랐습니다."
좋은 의도를 갖고 이 사업에 입문해서 갖은 고초를 다 겪고
있는 어느 선량한 정치인의 푸념이다.

잡놈을 발탁해 요소요소에 긴히 쓰는 역사의 손길과
시대정신은… 항상 '옳다'.

박서보 작, 〈유전질〉 No.16-70, 1970

단상, 혹은 연상

GNP

★ 개혁개방 이전의 소련 시절.

한때 위대한 러시아 인민들을 자괴감에 빠뜨린 사연은
이렇다.

공공건물의 화장실 세숫대 고무 물막이가 예외 없이
없어지는데, 최초엔 아마도 배급 물자의 생산량이 조금
부족했거나 관리를 잘못했을 것이다.

한 사람이 다른 곳에 가서 슬쩍해 온다. 물막이가 없어진
것을 발견한 다른 사람이 또 다른 곳에 가서 슬쩍해 온다.

그리고 또 도난당할 것을 염려해 호주머니에 넣고
필요할 때만 꺼내 쓴다. 세 번째 사람이 보니 그것이 매우
유용하므로 이 사람도 또한 똑같이 한다⋯.

이리하여 러시아 전체의 수천 수백만 개의 물막이가 자취를
감춘다.

대개 각자의 호주머니 속에 들어 있을 터인데, 나라 전체의
총량에는 변함이 없고 물론 GNP에도 잡힌다.

이것은 생산량이 부족한 것이 아니다.

과장인지는 모르겠으나 우크라이나 지방의 밀
생산량만으로도 지구 전체를 먹여 살릴 수 있다고 한다.
대표적인 '풍요 속의 빈곤'이다. 아니, '빈곤 속의 풍요'인
셈이다.
단, 이 때문에 사회주의가 몰락한 것은 아니다.

하품

★ 뒷골목 막말이 자주 쓰이는 일본 야쿠자 영화에서 쌍욕이란
'바카'나 '야로'를 거세고 비열하게 발음하는 수준에 그친다.
간혹 쓰이는 다른 욕설들도 우리말로 풀면, '멍청이', '얼간이',
'똥싸개', '돼지 녀석' 정도의 의미다. '육×랄', '씨×'처럼 생명을
위협하거나 신체 일부를 조롱하는 욕설은 과문한 탓인지 들어
본 일이 없다. 2002년엔 '바보'란 단어가 들어갔다는 이유로
고등학교 교과서에 실린 유명 소설을 삭제하는 소동도 벌어졌다.
　－〈조선일보〉 선우정 도쿄 특파원, "가장 심한 욕이 '바보'인 사회"

이것에 대해 일본인들은 어떻게 생각하는지 모르겠으나,
우리 입장에서는 답답하기 그지없다. 우리의 풍부한 욕설을
동원해 욕을 해봤자 그들이 알아듣지 못한다면 무슨 소용이
있단 말인가.
일본에선 인간을 평가하는 말로 '품品이 나쁘다, 좋다'는
말을 곧잘 사용한다고 한다. '품격이 있다, 없다'의 뜻인데,
만약 누군가에게 "품이 나쁘다"는 말을 들으면 그만큼

치욕스러운 순간이 없다.

나쁜 품격보다 더 낮은 영역을 뜻할 때 쓰이는 말은
'하품下品'이다. 우리 기준으로는 가렵지도 아프지도 않은
말이다.

단상, 혹은 연상

싸구려

★   오래된 작가 중에는 컴퓨터로 글을 쓰는 행위에 대해
지독한 경멸과 반감을 갖고 계신 분들이 의외로 많다.
생각하는 컴퓨터가 출현했다고 착각하신다면 그럴 만도
하지만, 개중에는 연필이냐, 볼펜이냐, 만년필이냐를 놓고
신경이 곤두서는 분들도 있다.

엎드려서 연필에 침을 발라 가며 대학노트에 꼭꼭 눌러
쓰지 않으면 글이 되지 않는다는 분도 있다. 대개의 경우
편리한 물건에는 혼魂이 깃들어 있지 않다고 믿기 때문일
것이다.

동서양의 모든 민간 설화나 전설, 신화에 등장하는 신비의
영약靈藥이나 보검寶劍도 천신만고의 고난 끝에 획득되는
것으로 스토리가 짜여 있다.

사랑도 마찬가지, 쉽게 얻는 것은 싸구려이다.

그리고 보니, 만년필의 시대가 불과 백 년도 버티지 못하고
거去하는 데 비해, 붓과 먹의 시대는 수천 년 동안 이어지고
있다.

귀신

★　동물의 단순성에는 훌륭한 지혜가 있어요.

하지만 때로는 학자의 지혜 중엔 바보 같은 것이 있는걸요.

－ 조지 버나드 쇼

현실에 꿈과 유머를 가한 것이 지혜다.

－ 임어당

사람이 오래면 지혜고, 물건이 오래면 귀신이다.

－ 한국 속담

참새

★ 그게 그건가요? 난 몰랐어요.
누구나 다 그렇다 해서 그런 줄 알았죠.
아무도 그게 아니라곤 말하지 않아요, 목에 칼이
들어와도….
삶이 그대를 배반한다고 누가 그래요?
머지않아 늙고 죽을 것을 누가 몰라요?
그래도 난 몰랐어요. 아무도 얘기해 주지 않아요.
동짓달 작은 참새 하나 꽁꽁 얼어
은행나무 발치로 돌처럼 떨어질 때까진….
모퉁이 작은 골목길.

가짜

★　'중국에서 고양이가 강아지를 낳았다고?'
기사 제목을 접하고 맨 처음 떠오른 생각은,
태어난 강아지가 가짜였을 것이다.
그렇지 않으면, 낳았다는 고양이가 가짜였을 것이다.
그것도 아니라면, 낳았다는 사실이 가짜였을 것이다.
마지막으론, 기사 자체가 가짜였을 것이다.

대가 大家

★ 어느 한 분야에서 오랜 세월 매진해 따라올 자가 없는 최고 권위자, 또는 전문가가 된 사람을 세간에서는 대가大家라 부른다.

대가의 좋은 점은, '큰집' 출신이 아니어도 얼마든지 될 수 있다는 데 있다. 경영의 대가, 동양화의 대가도 있지만, 국수 면발 뽑기의 대가도 있다. 궁중요리의 대가도 있지만, 초밥의 대가, 병아리 감별의 대가, 영화예술의 대가도 있다.

대가의 나쁜 점, 일단 되고 나면 지루해지고 또 다른 대가가 되고 싶은 유혹에 빠져 정치권을 기웃거린다는 데 있다.

초밥집의 경우 ─ 이웃나라의 경우지만 ─ 새내기가 처음부터 밥알을 주무르는 것은 꿈도 꾸지 못한다. 심부름 1년, 실내 청소 2년, 설거지 3년(다소 과장이겠지만)을 거쳐 정식 초밥맨이 되는데, 10년은 보통이라 한다. 물론 초보가 만든 초밥은 뭔가 미숙하겠지만, 그렇게까지 할 필요가 있을까 싶을 만큼 신고식이 엄격하다.

다소 덜하기는 하지만 영화 카메라맨도 사정은 비슷하다.
처음에는 선배 카메라맨을 위해 무거운 장비를 운반하고
지정된 장소에 설치하는 조수 일밖에는 할 수가 없다.
의욕과 호기심에서 자칫 카메라의 파인더를 기웃거리다
들키면 선배의 불호령이 떨어진다.
"어디서 건방지게…."
이래서 새내기가 안심하고 그 간단한 행위를
허락받기까지는 꽤 긴 인고忍苦의 세월이 필요하다.
기법만 놓고 볼 때는 이 역시 이렇게까지 할 필요는 없을
것이다. 비록 새내기라 할지라도 대학에서 배운 지식과
뛰어난 영상 감각으로 선배보다 더 좋은 영상을 만들 수도
있을 터이다.
전통적으로 군대의 신참 장교는 고참 하사관의 눈치를
보게 되어 있다. 옛날 홍문관의 사관史官이나 고을의
사또가 임지로 부임하면 '신고'를 해야 하는데, 그 대상은
상급자보다는 주로 아전衙前 등 하급자였다고 한다.
신고식을 소홀히 하면 철저히 왕따를 당하다가 자살하는
경우도 있었다는 기록이 전해진다. 증세치고는 중증重症인
셈이고, 법보다 더 무서운 무엇이 있었음을 알 수 있다.
이런 전통은 현대의 사기업이나 공무원 세계에서도 발견할
수 있다.

그래서 문득 깨닫는다. 가혹한 시련은 기법을 위한 것이 아니구나. 상대적으로 그 기법이 별것 아니기 때문에 ─ 삶에 있어서 노하우가 중요한 것이 아니기 때문에 ─ 그동안 투자한 가혹한 수련기간이 억울하고 아까워서라도, 쉽게 다른 대가의 울타리 안을 기웃거리지 못하도록 하는 지혜가 작동하는 게 분명하다.

추신: 신고식을 잘 치른 고을 사또는 마침내 백성을 들볶는 탐관오리가 되는 일이 흔했다. 본전 생각이 나서였을 것이다.
대가가 되기는 쉽지 않다. 세상의 모든 대가는 이런 인고의 시간을 이겨 냈다는 점만으로도 존경받을 가치가 있다. 그중에는 우리의 시어머니와 장래의 시어머니인 며느리도 포함된다.

매력

★   몽골의 부족들은 상대방 부족의 여자들을 겁탈하고
노비로 삼기 위해 전쟁을 자주 벌였다. 세계 최대의 제국을
건설했지만 지금 남아 있는 것은 별로 없다…. 이렇게
되어서는 전쟁이란 행위가 차원 높다고 할 수가 없다.
여성들이 하이힐을 신고 초 비키니를 입는 이유는
매력적으로 보이기 위해서이다. 누구에게 매력적으로
보일까. 같은 여성보다는 남성에게 매력적으로 보인다.
매력적으로 보여서 좋은 일은 무엇인가. 음흉한 관심을
끄는 것 외에는 별로 없다…. 이렇게 되어서는 그 치장이
차원 높다고 할 수가 없다.
최소한 먹을 것을 위해서, 또는 철학을 위해서, 우주 질서를
위해서 그런다면 재고해 볼 가치가 있지만….

전국시대

★ 도대체 누가 최강자인지 알 수가 없다. 치열한 전투가
끝나면 1등은 분명히 있는데, 그 1등이 매번 바뀐다.
50등이라고 무시할 수가 없다. 그가 어느 날 홀연히
1등으로 나서기 때문이다. 강자가 끊임없이 나타나고
약자는 속절없이 사라진다.

중국과 일본의 전국戰國시대의 특징이자, 행주치마의 전설이
살아 있는 한국 여자 프로 골프계의 특징이다. 한국에선
고려 말 무신정권에서 동일한 현상이 잠시 나타났다가
수백 년 동안 자취를 감추었다. 그러나 근래에 이르러
유독 여자 프로 골프계에서 맹렬하게 부활하고 있다.

문제는 무명의 전사가 갑자기 최강자로 나섬에 따라
기억해야 할 이름과 전적이 점점 더 많아진다는 사실이다.
장미가 잊히면 백합이 등장한다. 채송화가 잊히면 난초가
등장한다. 세계를 석권하고 있는 10명 내지 20명을
대상으로 섣부른 전망을 내놓다가는 망신을 당한다.
국내에서 엄청난 전투를 치르고 최강자가 되다 보니

어디에 내놔도 경쟁력이 있다. 2015년 기준, 한국이
세계 최강의 경쟁력을 보유하고 있는 곳은 이곳이
유일하다. 반면 남자 골프계는 얌전하다.
이에 견줄 만한 것은 미국의 실리콘 밸리뿐이다.
그 골짜기에서 치열한 국내전을 치르고 살아남은 강자들은
세계 IT 업계를 석권했다. 반대로 이 경쟁을 소홀히 한
최강자는 어느 날 흔적도 없이 사라졌다.
엄청난 스트레스는 당장은 괴롭지만, 오히려 생체의
경쟁력을 높인다는 산 증거가 아닐 수 없다. 모두가
스트레스 없는 편한 삶을 원하지만, 정작 가장 스트레스가
심한 것은 스트레스가 없는 상태이다. 실직, 무직, 퇴직,
노처녀, 노총각, 배우자 사망 등이 그에 해당된다.
육신만 그런 것은 아니다. 실제로 중국의 춘추전국시대에
동양의 정신세계를 그 후 수천 년간 지배할 대부분의
위대한 사상들이 출현했다. 일본의 전국시대에는 놀랍게도
'자생적인' 자본주의의 싹이 돋아나 그 후 400년이 넘도록
군국주의의 토양에 사악한 양분을 공급해 주었다.
전국戰國시대를 통과하고 있는 한국의 여성 파워는
막강하다.
법조계와 언론계를 부분 장악한 지는 이미 오래고,
이대로라면 군軍도 안전하지 않다. 그들은 학교를 점령하고

단상, 혹은 연상

학원과 동맹을 맺은 다음 아이들을 치열한 전쟁터로 내몰고
있다.
어떤 것이 생체를 강하게 만드는지 '타이거 맘'들은 잘 알기
때문이다.

아호 雅號

★ 이름은 사람과 사람을 구별하기 위해 있다.

그러나 예쁘게 들리는 발음과 그럴듯한 뜻이 담겨 있는,

유행하는 글자 두 개만을 가지고 이리저리 조합하다 보니

동명이인同名異人의 문제가 심각하다.

여자 골프 선수 중에는 예쁜 이름 끝에 숫자 1, 2, 3이 붙는

경우가 흔하다. 이건 뭐 사이버 세계의 로봇들도 아니고….

그럴 바에는 성姓과 이름 사이에 호號를 하나씩 넣어

다섯 글자로 만드는 편이 낫다.

박부처 인비, 김당돌 효주, 전소담 인지….

착각

★ 의회 제도를 싫어하는 사람이 있다면 그것은 제도가
싫어서가 아니다.
그것을 운용하는 인간들이 싫어서이다.
기부금이 모이지 않는다면 그것은 인간들이 인색해서가
아니다.
그 기부금이 어떻게 쓰일지 모르기 때문이다.
각계각층, 극우, 극좌, 투사, 열사들의 외침이
외면받는다면, 그들이 주장하는 법과 질서, 사회 정의와
평등을 싫어해서가 아니다.
그것을 운용하는 미숙한 인격과 조잡한 행위가 싫기
때문이다.

어감 語感

★ 들개는 야생화된 유기견들로 북한산과 주택가 인근을
무리지어 다닌다. 등산객과 주민을 위협하며 서식지를
넓히는 추세다. 최근에는 인왕산, 백련산, 관악산 등으로
서식 범위가 넓어지고 있다 한다.
현재 서울 지역에서 서식하는 들개는 140여 마리로
추산된다. 이런 기세라면 나라 전체도 안심할 수 없다.
서울시에서는 적지 않은 예산을 들여 들개를 포획하기로
했다고 발표했다.

소를 소라고 부르는 것은 이상하지 않다. 돼지를 돼지라고
부르는 것도 이상하지 않다. 말과 염소, 고양이 등도 그
동물이 가질 만한 이미지 그대로의 느낌밖에는 없다.
그러나 개를 개라고 부를 때는 왠지 어감이 이상하다.
미안한 마음이 들면서 뭔가 비하하는 느낌이 가미된다.
개는 인류의 가장 오랜 친구이자 가장 가까운 동물이다.
개는 크기가 크건 작건 나름대로 모두 잘생겼다. 총명하고

단상, 혹은 연상

사람을 잘 따르며 충성도도 높다. 반려견 중에는 사람보다
몸값이 비싼 귀하신 몸도 많다. 세계 곳곳에는 위기에 처한
주인을 구하고 희생된 개의 동상이 세워져 있다. 웬만한
사람보다 더 숭고한 삶을 살다 간 개들이다.

그런데도 우리말에서의 비하하는 느낌은 여전하다.
'개'라고 발음하는 순간, 어떤 야비한 느낌과 연결되는
무엇이 있는 것이 분명하다(영어 dog는 어떤지 잘 모르겠다.
bitch는 나쁜 뜻으로 쓰인다).

심한 욕설에도 '개'가 들어간다. 고생 중에서도 지독한
고생은 '개고생'이고, 아무 가치도 없는 죽음은
'개죽음'이다. 허접한 물건은 '개나 줘버리라' 하고 지저분한
행동은 '개수작'이라고 한다. 급기야 이상한 조합의
'개무시', '개이득'이란 말도 생겨났다. 대표적인 혐오동물인
'쥐'보다도 더 심하다. 개도 그런 판에 개똥은 말해 무엇
하겠는가.

강아지가 커서 개가 되지만 둘의 어감은 하늘과 땅 차이다.
그래서 사람들은 다 큰 강아지, 즉 어른 개를 보고도
강아지라고 부를 때가 있다. 귀엽고 앙증맞은 느낌에
더해서 미안한 감정도 줄어들기 때문일 것이다. 소나
말에게는 별로 미안하지 않은지 송아지, 망아지라고는
부르지 않는다. 이런 상반된 이미지를 갖고 있는 동물은

개가 유일하다.

개들은 억울할지 몰라도 여기에는 분명히 그럴 만한 이유가
있을 것이다. 한 가지 의심이 가는 곳은 '똥'이다.
개와 똥은 전혀 관계가 없지만, 1950년대까지만 해도
한반도에선 개와 똥이 깊은 관계에 있었다. 사람도 먹을
것이 귀하던 시절, 개가 주로 찾아 먹던 것이 바로 사람의
그것이었기 때문이다. 고맙게도 당시 사람들이 길가 아무
데나 실례를 했기 때문에 집에서 쫓겨난 동네 개들은
끼니를 걱정할 필요가 없었다. 개 전용 병원과 개 의상을
따로 챙기고, 정갈한 사료만 찾아 먹이는 요즘에는 상상도
할 수 없는 풍경이다.
집에서 키우는 개들도 사정은 비슷하다. 누룽지가
주식이지만 간식으로는 어린 아기들의 그것이 기다리고
있었다. 아기 기저귀나 청소기를 따로 마련할 필요가
없었다. 다행히 강아지들은 이 식탁에서 빠졌는데, 어미의
젖을 먹고 있었기 때문에 어감이 크게 훼손되지 않았다.
오늘날 이 모두는 옛말이 되고 말았지만, 단군 이래 비슷한
상태가 지속되었을 것이니 오랜 기간 형성된 이미지가 쉽게
가실 리는 만무하다.

개가 무리를 지어 몰려다니는 '개떼'가 되면 상태는 더
악화된다. 주로 유기견 또는 잡종견의 무리들인데, 이들은
아무나 보고 짖다가 먹이를 주면 또 아무나 보고 꼬리를
친다. 짖는 소리도 별로 아름답지 않다. 밤에 누구 하나가
짖기 시작하면 나머지는 영문도 모른 채 따라 짖는다.
한동안 떼 지어 사이좋게 몰려다니다가도 먹을 것이 생기면
저희끼리 이빨을 드러내며 물고 뜯고 싸운다. 썩은 고기를
발견한 하이에나 무리나 권력 주변의 모리배謀利輩들과도
별반 다르지 않다. 아래 위도 없이 아무하고나 교미하는
바람에 부도덕하다는 인상도 준다. 그래서 혈통을 따지기
힘든 자손이 생겨나면 흔히 '똥개'로 불린다. 똥을 먹는
개라는 뜻만은 아니다.

좋은 혈통의 개도 사정은 썩 좋지 않다. 주인이 시키는
일이라면 무슨 짓이라도 한다. 행인들에게는 모질게
굴고, 주인이 나타나면 납작 엎드린다. 약자에게 강하고,
강자에게 약하다 보니 궁지에 몰린 한때의 우두머리가
절벽에서 뛰어내려 죽는 일도 벌어진다.

이럴 때는 차라리 동족이면서 사람을 존경할 줄 모르는
황야의 무식한 늑대가 늠름해 보인다. 꼬리를 쳐주는
상대를 좋아하면서도 한편으로는 경멸하는 인간의 이중성
때문일까. 소 떼, 양 떼, 염소 떼, 메뚜기 떼, 참새 떼, 물고기

때, 도적 떼의 어감은 여전히 변함이 없지만, 개떼는
세계에서 가장 많이 사용되는 욕의 어원이 되어 있다.
이 모든 것은 악의에 찬 인간이 일부러 개를 폄훼하려고
만든 이미지가 아니다. 그럴 이유가 어디 있겠는가. 오랜
시간에 걸쳐 자연스럽게 형성된 이미지이다. 멀쩡하다가도
'먹을 것'만 보면 생각 없이 물고 뜯는 습성, 영악하면서도
어리석은 이미지, 한번 형성된 이미지는 쉽게 바뀌지
않는다.
중국인에 대한 이미지, 일본인에 대한 이미지,
이탈리아인에 대한 이미지 …. 이 역시 오랜 시간에 걸쳐
형성된 것이다.
한국의 술집문화에 흠뻑 빠진 미국 젊은이가 이런 글을
올렸다.
"한국 사람들은 정말 다들 너무 멋지고 다정다감하고
기분파며 친근감이 넘쳐요 …. 술만 마시면 다리가 네 개가
되고 안하무인으로 사람 무시하고 멸시하며 제멋대로고
폭력적이에요 …."

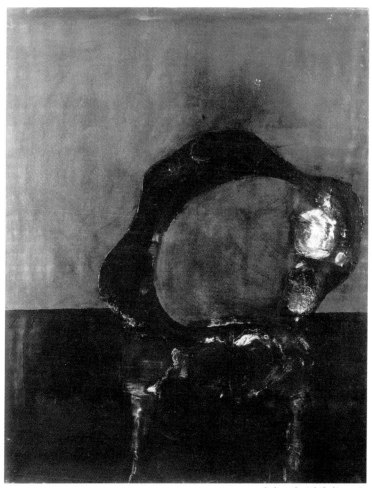

박서보 작, 〈원형질〉, 1963

성현

★ 《용재총화》라는 책에서는 조선인을 다음과 같이 평하고 있다.
"첫째, 조선인은 간사하고 교사하여 의심이 많고 항상 사람을
믿지 않으므로 역시 남도 나를 믿지 않는다. 둘째, 조선인은
비록 조그마한 일에도 경솔하게 떠들기 때문에 사람은 많아도
성취하는 일은 별로 없다. 셋째, 조선인은 많이 마시고 많이
먹는다. 넷째, 관에 있는 조선인은 ⋯ 때를 가리지 않고 술을
마신다. 다섯째 ⋯ 여섯째 ⋯ .(생략)
일곱째, 조선인은 경솔하고 부정하여 백성은 관리를 두려워하지
않으며 선비는 대부를 두려워하지 않는다. 대부는 공경을
두려워하지 아니하며 신하가 서로 업신여기고 경알傾軋할 것만
생각한다."
경알이란 질투하기 위하여 책策을 돌려 남을 모함한다는 뜻이다.
– 2014. 12. 30. 〈조선일보〉, 허경구의 "커플링 법칙" 중에서

어디서 많이 본 풍경이긴 한데, 여기서 말하는 조선인은
현대의 한국인이 아니다. 조선왕조 초반에 한반도에 살았던

단상, 혹은 연상

조선인을 말한다.

이 글을 쓴 사람은 일본인이 아니다.《악학궤범》을 쓴 사람으로 역사책에 나오는 조선 초기의 유학자 성현成俔. 1439~1504이다.

현대에도 일부 몰지각한 부류가 있듯이, 당시에도 일부 몰지각한 부류가 양반의 심기를 심히 건드렸음을 미루어 짐작할 수 있다.

죄^罪

★ 트로트 가요가 사랑을 노래하는 것은 죄가 아니다.

수백 곡의 노래가 똑같은 사랑을 노래하는 것이 죄다.

양반 사회가 도리^{道理}를 논하는 것은 죄가 아니다.

수백 년 동안 똑같은 도리를 논하는 것이 죄다.

아기

★ 심신心身의 경직성은 스포츠맨들만의 골칫거리가 아니다.

몸의 힘을 빼는 데만 3년이 걸린다는 야구 투수만의 문제도

아니다.

만사에 자신이 없을 때, 사람은 근육을 경직시킨다.

정통성 없는 정부가 독재로 치닫는다.

정통성 있는 정부는 근육이완으로 아무것도 하지 않는다.

한 세대 전, 경춘京春가도에서 버스가 절벽으로 굴렀을 때,

유일한 생존자는 한 살짜리 어린 아기였다.

아기는 버스의 요동에 몸을 맡긴 채

유연성 속에서 잠들어 있었다.

한류 韓流

★ 한자 류流는 '흐름'이란 뜻이다. 급류, 지류, 합류 등으로
일상에서 쓰이지만, 문화현상이란 뜻도 내포하고 있다.
일본인들은 바둑, 꽃꽂이, 검도, 동양화, 요리 등의 분야에서
나타나는 지파支派적 경향을 일컫는 용어로 자주 쓰고 있다.
예컨대 이한돌이란 뛰어난 감각의 바둑 명인이 등장해
지금까지 보지 못하던 새로운 포석과 정석을 완성했다면
'한돌류'라는 명칭을 얻게 된다. 그런데 그 손자 대에 가서
이세돌이란 천재가 태어나 할아버지와는 또 다른 기풍으로
천하를 평정했다면 이번에는 '세돌류'의 원조가 된다.
검법이나 동양화 기법 등도 동일하다.
다만 류流는 기축基軸 문화의 고유영역을 벗어나지 않는
범위에 한해서만 유효하다. 바둑의 범위를 벗어나 장기를
창안하는 것은 '류'가 아니다. 그것은 새로운 문화 장르를
개척한 것이다.
기축 문화와 류의 관계는 컴퓨터 속의 상위 폴더와 하위
폴더의 관계와 비슷해서 주류문화의 하위 개념 또는 곁가지

문화라는 의미가 강하다.

곁가지 문화가 열등한 문화는 아니다. 현재의 프랑스,
독일, 영미 문화는 모두 고대 그리스 로마, 중세 유럽에서
곁가지로 뻗어 나온 문화이다. 단지 한류라는 말의 탄생
배경이 찜찜할 뿐이다.

남류男流라는 말은 없는데 여류女流라는 말은 있다. 남성
주도의 문화에서 뭔가 주목할 만한 업적을 남긴 여성을
지칭할 때 주로 쓰는 말이다.

중류中流, 일류日流라는 말은 없는데 한류라는 말은 있다.
중국문화, 일본문화는 동양문화의 주류이므로 '류'를 쓸
필요가 없다는 의미일까.

한류란 말을 한국인이 만든 것이 아니라면, 어딘가 처음
만든 곳이 있을 것이다. 혐의가 가는 곳은 중국 또는
일본인데, 확인된 바는 없다.

유해

★   TV에서 소개될 만한데 아직 소식이 없는 것 중에
'시체 증발의 미스터리'가 있다.
매년 아프리카 초원에서 새로 태어나는 수백만 마리의
들소와 영양은 사자와 하이에나가 잡아먹으니 이해가 된다.
도시의 뒷골목과 들판을 누비는 쥐 떼와 새 떼들.
별처럼 많은 산짐승들과 바다 속의 물고기.
인류 전체의 몸무게보다 무겁다는 벌레들….
이들도 언젠가는 죽는다.
그러나 죽은 뒤에는 감쪽같이 사라져 버린다. 스스로의
시체를 관찰 대상으로 남겨 놓기를 거부하는 비밀결사처럼.
오직 인간과 그들의 밥상에 오르는 생선이나 가축들만이
유해遺骸와 쓰레기와 질병을 남긴다.

서울 경京

★ 중국의 수도는 북경이다. 한때는 남경이었다. 일본의
수도는 동경이다. 모두 서울 경京자가 들어 있다. 한때
평양이 서경으로 불렸다지만 대륙 어딘가에 서경이 또
있을 것이다.

한반도의 수도는 한동안 한양漢陽이었다. 중국에서는
한성漢城으로 부른다. 엄연한 수도이지만, 경자가 들어 있지
않다. 일종의 '중심이 되는 요새'란 의미가 강한 성城이 그
자리를 대신한다.

고려시대에 3소경小京(서경, 동경, 남경)이 설치되어 남경이라
불린 적도 있지만, 원나라 침공 후 그마저도 소멸과 복원
등 우여곡절이 많았다고 역사는 전한다. 설사 조선조까지
그 명칭이 존속되었다 해도 중국의 남경 때문에 자연
도태되었을 것이다.

일제시대 일본에서는 서울을 경성京城이라 불렀다. 서울 경
자가 들어 있긴 하지만 '서울 급인 성城'이란 의미가 읽힌다.
주변에 포진하고 있던 한자 사용 민족들은 한반도의 수도

서울을 '서울'이라 인정하지 않았는지도 모른다.
아니, 독립국으로 인정하지 않았는지도 모른다.
첫 혐의가 가는 곳은 중국, 그 다음은 일본인데,
이 역시 확인된 바는 없다.

단상, 혹은 연상

네 개의 free

★   free(자유)가 영어 단어의 끝에 붙으면 'ㅇㅇ가 없는'이란
     말이 된다.
     tax(세금)에 free가 붙으면 tax-free(면세)가 된다.
     trouble-free는 고장이 없다는 뜻이고, walk-free는
     법정에서 처벌을 받지 않고 자유롭게 걸어 나가는 것을
     말한다고 한다.
     그렇다면 펑크 난 타이어는 air-free, 물 없는 사막은
     water-free, 선거에서 낙선한 정치꾼은 price-free라
     부를 만하다.
     원근감의 개념이 없는 동양 회화는 perspective-free며,
     화음의 개념이 없는 동양 음악은 harmony-free다.
     세계 회화사에서 점묘법이 시민권을 얻은 인상파 시대는
     line-free, 피카소로 대표되는 큐비즘은 view-free,
     추상화 전성 시절은 form-free, 평면과 입체가 뒤죽박죽된
     요즘에는 canvas-free다.

한국의 근대사도 4개의 free로 대표된다.

일제 치하에서는 nation-free,

자유당 치하에서는 food-free,

개발독재 시절에는 democracy-free,

문민정권 이후에는 manner-free다.

덧붙일 자신이 없으면 뺄 수밖에 없다.

핍박

★   거리의 행인에게 장난감 권총을 겨눈 흑인 소년이 백인
    경찰의 총에 맞아 죽는다. 편의점에서 물건을 훔치다 잡힌
    흑인 청년은 가혹하게 구타를 당하고 병원으로 실려 간다.
    왜 흑인을 차별하는가? "게으르고 머리가 나쁘며 거짓말을
    잘하기 때문"이라고 백인들은 대답한다.
    약자와 피해자는 정의의 편에 선다. 양식 있는 백인들과
    전 세계의 지성들이 강자의 만행을 규탄한다. 흑인들은
    백인 경찰의 인종차별에 맞서 거센 항의시위에 나선다.
    시위는 상점을 약탈하고 방화하는 것으로 번진다.
    그중에는 한인 상점도 포함된다.
    왜 한인 상점을 터는가? "백인 편에 서서 흑인을 멸시하고
    착취하는 경제동물이기 때문"이라고 흑인들은 대답한다.
    나치는 죄 없는 유대인 수백만 명을 학살했다.
    왜 유대인들을 그토록 미워하는가? "금융계를 장악하고
    고리대금으로 서민의 피를 빨아먹으며, 피아 구별 없이
    무기를 팔아먹는 죽음의 상인들이기 때문"이라고 나치들은

대답한다.

핍박이 끝난 뒤 유대인들이 세운 이스라엘은 주변의 힘없는
민족들을 가혹하게 제압한다. 무차별 폭격으로 죄 없는
어린이를 포함한 수천 명이 목숨을 잃는다.

왜 그들을 핍박하는가? "삶의 터전을 되찾는다는 미명하에
죄 없는 이스라엘인들을 테러로 죽이기 때문"이라고
이스라엘인들은 대답한다.

1923년 일본을 강타한 관동대지진은 무고한 수만 도쿄
시민의 목숨을 앗아 갔다. 그 과정에서 수천의 재일
조선인들이 일제 자경단自警團의 총칼에 목숨을 잃었다.

왜 조선인들을 죽였는가? "지진의 혼란을 틈타 약탈과 방화를
하고 사회전복을 꾀했기 때문"이라고 일본인들은 대답한다.

핍박은 되풀이될 것이다.

한인들은 코리안 드림에 실려 온 동남아 며느리들과
노동자들을 차별하고 수모를 준다.

뚜렷한 이유는 없다. "가난하고 못살기 때문"이라고 대답할
것이다. 1970년대까지만 해도 한인들은 중동을 비롯한
세계의 건설현장에서 비슷한 대접을 받았다.

2013년 스웨덴의 학자가 발표한 연구에 의하면, 아시아가
전반적으로 인종차별이 심하지만 한국은 세계에서도 가장
인종적 편견이 심한 나라로 조사되었다.

프랑스 치즈

★ 김치라면 펄쩍 뛰던 일본인들의 입맛이 불과 한 세대 만에
기무치에 길들여지고 있다.
길들여진다는 것처럼 무서운 것도 없다.
아마 홍어란 놈도 자꾸 먹어 버릇하면 입맛이 들지도
모른다. 톡 쏘는 곰삭은 맛의 홍어는 가장 서민적인
음식이지만 친해지기가 쉽지 않다.
실제로 그 지역 출신 친구 중 하나는
홍어의 홍 자만 나와도 입맛을 다신다.
그런데 그토록 홍어를 잘 먹는 사람이
비슷한 냄새의 프랑스 치즈는 한 점도 먹질 못하니
이상하다면 이상한 현상이다.

쇄국주의

★   쇄국鎖國이라 함은 나라의 문을 닫아거는 것을 말한다.
쇄국하에서는 외국과의 교역이나 통상이 전면 금지되고,
사람들의 왕래도 차단된다.
쇄국주의는 대략 두 가지 이유 때문에 발생하는 것으로
보인다.
하나는 적대적이거나 비우호적인 나라들의 침탈로부터
자국을 보호하기 위한 수비형 쇄국.
외세가 강할수록 빗장도 더 단단해진다.
또 하나는 외국과의 교류가 필요치 않은 자족형 쇄국.
국토가 크고, 물자가 풍부하며, 문화적으로 아쉬울 것이
없는 나라들이 흔히 취하는 쇄국이다. 지켜야 할 것이
많을수록 빗장도 더 단단해진다. 성격은 다소 다르지만
먼로 고립주의Monroe主義 시대의 미국이 이에 해당된다.
중국 역시 19세기 중반까지는 자타가 공인하는 갑甲의
위치에 있었다. 자꾸 찾아와 보채는 서양 오랑캐들을 하인
취급했고, 적당한 하사품을 주어 돌려보내면 그만이었다.

단상, 혹은 연상

그 야만인들이 무슨 짓을 하는지, 세계의 기류가 어디로
흘러가는지 모든 해외 정보는 차단되었다. 마침내 성능
좋은 함선과 대포로 무장한 서구의 늑대들이 몰려 왔을 때
중화제국은 경악했고, 처참한 패배 앞에서 그들은
그 이유를 알 수가 없었다.

진주만 공습 이후 대일본제국의 군대는 파죽지세破竹之勢로
태평양의 거의 절반과 동남아의 대부분을 휩쓸었다.
서양 귀축鬼畜들과 전투를 했다 하면 승전이고 승전했다
하면 점령이었다.
그때마다 황국신민들은 환호하고 광분했다. 천황 군대는
무적의 집단이었고 대동아공영권의 실현도 눈앞에
다가오고 있었다. 아니, 대본영大本營의 발표에 의해 그렇게
믿고 있었다.
그러나 실은 미드웨이 해전을 고비로 일본은 수세에 몰리고
있었고, 그 이후의 반전은 우리가 익히 아는 바와 같다.
아전인수我田引水의 잘못된 정보와 자만自慢으로 인해
대다수의 일본인들은 외딴 섬 속에 고립되어 있었다.
이름하여 '촌놈형 쇄국'이다. 최초의 B-29 폭격 편대가
도쿄 하늘에 출현했을 때 그들은 그 이유를 알 수가 없었다.

'한류韓流'라고 불리는 한국의 대중문화가 세계를 폭격하고
점령하고 있다고 한다.

전 세계가 한국의 아이돌 가수에 환호하고 드라마와 영화에
넋을 잃고 있다. 한국의 재즈음악이 재즈의 본고장을
강타하고, 김치로 대표되는 한국 음식은 세계인의 입맛을
사로잡는다. IT 기술과 조선술, 성형술과 건축술 모두
선진 제국을 넘어섰다. 한국인의 손재주는 세계 으뜸이며,
석굴암과 대장경 판소리 등은 따라올 나라가 없다….
모두 한국의 대본영에서 발표하는 내용들이다. 홍콩의
무협영화에 넋을 잃고 일제 코끼리 밥솥에 광분한 지
한 세대쯤 지난 시점이다.

이제 앙코르와트나 둔황 석굴을 찾는 관광객들은 지루하다.
얼른 인증 샷을 찍은 다음 고스톱과 술판에 열중한다.
별것 없기 때문이다.

그러나 정작 대중문화의 본고장이라 할 할리우드에서는
기다리는 소식이 들려오지 않는다. 일본은 고사하고 대만
출신의 감독이 아카데미 감독상을 수상하는 마당에,
세계를 정복하고 있다는 영화 강국은 감감무소식이다.
한국의 내로라하는 인기 배우가 할리우드로 진출하지만
그 이후에는 함흥차사咸興差使가 된다. 이소룡이나 성룡만큼
대중적으로 성공한 영화배우도 나오지 않는다. 확인되지

단상, 혹은 연상

않은 소문에 흥분한 국내 팬들만 법석을 떨고 있다.

장기 불황에 허덕이는 이웃 일본은 개국 이래 19명의
노벨상 수상자를 배출했다. 일본 음식은 고사하고,
한 수 아래로 보는 태국과 베트남의 향토음식도 유럽과
미국, 호주의 대중식당을 석권하고 있다.
한국 교민이 하노이 어느 지역에 퓨전 한식점을 개업하자
동네 분들이 맛있다는 반응을 보인다. 현지 취재팀은
한국의 입맛이 베트남을 사로잡았다고 보도한다. 한국의
민속 팀이 에펠탑 아래에서 공연을 하자 관광객들이 합세해
덩실덩실 춤을 춘다. 즉각 한국의 전통문화가 프랑스를
충격에 빠트렸다고 보도한다.
외국이 한국 것을 모방하면 베낀다고 하고, 한국이 외국
것을 베끼면 영감을 얻었다고 한다.
우리의 자랑스러운 수출품인 자동차와 선박, IT 제품과
무기 등을 생산하는 주요 생산설비, 핵심 부품과 핵심
기술이 모두 서구와 일본 기업으로부터 온 것이라는 사실은
보도되지 않는다.
한 발자국만 깊이 들어가면 한류가 희미해지는 이유를
우리는 잘 알 수가 없다. 혹시 대본영의 발표와 현지의
실상이 많이 다른 것은 아닐까.

핵심을 통과해 보지 못한 집단은 변두리의 자그마한 성공에
피가 끓는다. 그 결과 있는 자 앞에서 비굴해지고, 없는 자
앞에서 오만해진다. 해외의 다양한 문화와 가치에 눈과
귀를 막아 버린다.

북방과의 교류가 시작된 지 얼마 지나지 않아 연변과
연해주 일대의 술집에는 한국의 졸부들이 몰려와 100달러
지폐를 흔들어댔다. 구한말, 일제강점기의 독립지사
후예들이 가난하게 살고 있는 지역이다.

자족형, 촌놈형이 가미된 새로운 형태의 쇄국주의, 예컨대
'졸부형 쇄국주의'가 한국인의 의식 속에서 진행되는지도
모를 일이다.

국민

★ 십수 년 전, 유력한 대통령 후보였던 어떤 분은, 국민이
   자신을 지지하고 있으며 자신은 오로지 국민 편에 서서
   사회정의를 실현하겠노라고 강조했다.
   그러자 갑자기 그가 말하는 '국민'이 누구인가
   혼란스러워지기 시작했다. 아마도 의식 있고 선량한 시민을
   뜻할 것이다. 그러나 시민 중에는 선량하지 않은 조폭도
   포함된다. 힘없고 의지할 데 없는 가난한 자도 있지만,
   힘 있고 사악한 부자도 있다.
   꼬박꼬박 세금을 내는 자가 있는가 하면, 세금을 떼어먹는
   자도 있다.
   그는 백화점에서는 소비자지만, 공장에 출근하면 생산자가
   된다. 학교에서는 선생님이지만, 또 다른 학교에서는
   학부모가 된다. 직장 부하 앞에서는 상관이지만, 집의 부인
   앞에서는 머슴이 된다.
   차를 몰고 갈 때는 운전자지만 걸어갈 때는 보행자가 된다.
   교통사고를 내면 가해자가 되지만, 교통사고를 당하면

피해자가 된다.

모든 사람은 갑￼인 동시에 을ᄂ이고, 을인 동시에 갑이다. '국민' 속에는 이해가 상충되는 수백 수천 종류의 국민이 존재한다.

그 정치인은 결국 대권 가도에서 실패했다. 그러나 얼마 후에는 성공했다. 이런 사정을 잘 알고 있는 후배들은 여전히 국민의 지지를 믿고 도전한다. 패배하더라도 결코 승복하지 않고 몇 번이고 도전한다. 국민이 그들 편이기 때문이다.

매너

★ 바른 말은 말이다.

고운 말도 말이다.

수치를 아는 것이 인간이다.

염치를 아는 것 또한 인간이다.

정의로운 얼굴을 하고 있는 것이 사람이다.

매너 있는 얼굴을 하고 있는 것 또한 사람이다.

정의로운 사회는 좋은 사회이다.

품위 있는 사회도 좋은 사회이다.

가족

★ 휴대전화는 사람과 사람을 언제 어디서나 약속하게
   만들어 준다.
   그 결과 사람들은 언제 어디서나 약속하지 않는다.
   설사 약속 시간과 장소가 어긋나도 다시 전화로 확인하면
   된다.
   산山 아래 집을 마련하는 사람은 대개 등산을 하면서
   건강을 회복하고 호연지기浩然之氣를 기르기로 결심한다.
   집 뒤쪽으로 500미터만 걸어가면 바로 등산로 입구이기
   때문에, 그들은 일주일에 적어도 3번은 산에 오르리라
   결심한다. 그러나 결과는 1년에 3번도 올라가지 않는다.
   언제라도 올라갈 수 있기 때문에 언제라도 올라가지
   않는다.
   뜰 안에 풀장을 갖고 있는 재미동포 중에는 1년에
   한 번도 수영을 하지 않은 사람이 있다.
   산이나 풀장처럼 가족들도 항상 곁에 있으니까,
   1년에 한 번도 그 얼굴을 찬찬히 들여다보지 않는다.

단상, 혹은 연상

이율배반

★   의사와 병원은 생명을 지키는 곳이고, 이들의 최종 목표는
     질병이 없는 세상이다.
     그러나 질병이 없는 세상이 되는 순간, 병원은 폐업
     신고를 해야 하고 의사는 모두 실업자가 된다.
     생명을 지키면서 동시에 생명이 위협받기를 바라는
     운명이 이들을 기다리고 있다.
     정당의 제1목표는 집권에 있다.
     집권에 성공한 여당은 자신들의 정책이 성공해서
     국가가 발전하기 바란다. 그들의 정책은 성공할 때도 있고
     실패할 때도 있다.
     집권에 실패한 야당은 여당을 견제하면서 국가가
     발전하기를 바란다. 그들의 정책 역시 성공할 수도 있고
     실패할 수도 있다.
     문제는 병원처럼 야당에게도 비슷한 운명이 기다리고
     있다는 점이다.
     여당의 정책이 대 성공을 거두는 경우, 야당에게는 집권의

기회가 영영 오지 않는다. 설사 여당의 정책에 공감한다
하더라도 이들은 그에 반대할 수밖에는 없다. 나아가
그 성공을 무효화하기 위해 처절한 투쟁을 할 수밖에 없다.
병원과 민주주의는 제도의 문제가 아니라 인간 심성의
문제임이 분명해진다.

단상, 혹은 연상

눈치

★　전통적인 통과의례通過儀禮란 관혼상제冠婚喪祭를 말한다.
현대적인 통과의례는 종류가 더 많고 눈치를 봐야 할 곳도
더 많아진다.

아들이 태어나면 부모는 간호사의 눈치를 살펴야 하고,
불이 나면 집주인은 소방수의 눈치를 살펴야 한다.

입학하면 학부모는 선생님 눈치를 살펴야 하고, 성년이
되면 부모 자식 모두 백화점 점원 눈치를 봐야 한다.

결혼식장에선 시중드는 아가씨와 사진사 눈치를 살펴야
하고, 이사할 때는 짐꾼 눈치, 도둑맞으면 경찰 눈치를 봐야
한다.

입원할 때는 병원 원무사 눈치, 땅에 묻힐 땐 선소리꾼
눈치를 살펴야 한다.

이 모든 통과의례에 돈이 든다.

스튜디오에서 웨딩 사진 찍기, 드레스와 턱시도 빌리기,
메이크업하기에 216만 원, 예식장 빌리는 데 171만 원,
꽃 장식하는 데 106만 원, 신부 드레스의 탈착을 도와 주는

도우미에게 15만 원, 양가 어머니 화촉 밝힐 때 거들어 주는
식장 직원에게 20만 원, 하객들 식사비 1,722만 원, 웨딩
사진 중 잘 나온 사진 고르는 데 추가비 20만 원….
모 신문사 취재팀이 신랑 신부 혼주 101쌍을 만나 절차별로
꼼꼼하게 받아 적은 평균 액수다.
하객들에게 인사하느라 정신없는 신랑에게 직원 한 명이
졸졸 따라다니며 계속 묻는다.
"계약서엔 없습니다만, 꽃가루 이벤트 안 하실래요? 분위기
좋습니다."
"계약서엔 없습니다만, 화과자 좀 안 사실래요? 하객들
식사하며 드시라고요."
현대의 통과의례 중 유일하게 돈과 눈치가 필요 없는 곳은
화장실뿐이다.

단상, 혹은 연상

아크로바트

★   중국 무술의 현란함에 관객 모두 숨을 죽인다. 예사롭지
않은 차림과 표정의 두 고수가 맨손으로 맞붙는다.
청나라 말의 홍콩이 배경이다. 나무 사이를 훌훌
날아다니고, 기와지붕을 자유자재로 타넘는 사이,
두 사람은 서로의 가슴과 복부에 살기어린 펀치를
교환한다. 공격과 수비의 손발 움직임이 너무 빨라
육안으로는 도저히 쫓아가기가 힘들다.
숨 막히는 대결은 10분 이상 계속된다. 설사 정통으로
맞아 공중회전을 하면서 떨어진다 해도 툭툭 털고 다시
일어난다. 그래도 승부가 나지 않는다. 아니, 그렇게
서로 때리고 맞는데도 누구 하나 치명상을 입는 눈치가
아니다. 역시 무술 고수의 내공은 남다르다. 이런 무술의
종주국宗主國이 어찌하여 청조 말 '세계의 병자'가 되었는지
이해가 되지 않는다.
모순矛盾의 뜻을 음미하자는 것이 아니다. 수없이
타격하는데도 치명상을 입히지 못하는 무술은 무술이

아니다. 아크로바트이자 중국식 호빵의 또 다른 모습이다.
단 한 번의 번개 같은 타격으로 순식간에 승부를 내는
무술이 진정한 무술이다. 원래 전쟁 속의 승부는 그런
모습이다.

단상, 혹은 연상

낙엽

★ 가을, 낙엽을 봐야만 인생무상을 느낀다는 사람들….

시체를 봐야만 곡을 하겠다는 사람들….

새싹을 보기 전까지는 삶의 환희를 느끼지 못하는 사람들.

열심히 돈 벌어서 맛있는 음식을 마음껏 먹는 사람들.

더 열심히 돈 벌어서 다이어트 비용을 충분히 마련하는

사람들.

와우

★ 우리는 '우와' 하지만, 서양인들은 '와우' 한다. 누가 시킨
것도 아닌데, 구강 구조도 비슷한데, 정반대다.

첫 원시인 누군가의 감탄사를 후손들이 충실히 따른
결과일 터이다. 추한 재벌 2세나 정치꾼들이 앞선 선배들의
수법을 충실히 따르는 것과 같다.

그러나 큰 의미는 없다. '와우' 하면 어떻고, '우와' 하면
어떻단 말인가.

숟가락으로 국물을 긁어 떠먹으면 어떻고, 밖으로 밀어
떠먹으면 어떻단 말인가?

다만, 요즘 젊은이들은 '우와' 대신 '와우' 한다.

정권

★   사람은 죽기 위해 태어난다.

모든 정권은 실패하기 위해 태어난다.

대통령의 리더십이 강력하면 제왕帝王적이라고 한다.

대통령의 리더십이 미약하면 무능하다고 한다.

조선조 500년 동안 강력한 제왕보다는 무능한 제왕이

더 많았다.

아저씨

★ 초대면의 두 사람이 만날 때 서열을 정하는 전통적 방법은
족보와 항렬을 따지는 것이다. 그러나 그것이 유명무실해진
요즘엔 차종車種을 비교해 본다. 불행하게도 전철 속에서
만나면 나이를 주고받는다. 사회적 지위, 재력, 지식 등은
그 다음이다. 나이가 많을수록 존경을 받는다.
초대면의 상대를 가장 기쁘게 해주는 방법은 나이를
착각하는 것이다. 어린 호칭일수록 기뻐한다. 언니, 학생,
아가씨, 이모 등은 좋지만, 아줌마, 아저씨, 아버님, 어머님,
어르신은 조심해야 한다. 정직함을 과시하려
20대 미혼녀를 아줌마로 불렀다가는 큰 낭패를 당한다.
존경도 받고, 젊게도 보이고 …. 일상의 가장 치명적이고도
막상막하인 두 가치관이 충돌하는 현장이다.
아저씨로 불린 남자가 기분 좋게 웃고 있다. 70대 후반으로
보이는 어르신이다.

우주

★ 인간은 우주 속에서 살아가는 생명체이다.

인간이 끝내 모를 것은 우주와 생명이다.

창과 방패의 공방전에서 모순矛盾이란 말이 생겨났다.

현대의 공방전은 IT 기기의 잠금장치와 해커 사이에서

벌어진다.

인류는 지금까지도 여전히 모순의 시대를 살고 있다.

조물주의 잠금장치와 인간 해커 사이의 공방전도 여전히

진행 중이다.

단상, 혹은 연상

마중물

★ '마중물'은 최근에 모습을 드러낸 순우리말 중에
가장 예쁜 말로 대접을 받을 만하다.
지금은 보기가 쉽지 않지만, 마당의 펌프로 지하의 물을
끌어올릴 때 진공상태를 만들기 위해 먼저 부어 주는 물이
마중물이다. 결국 이 물이 다른 물을 마중하는 셈인데….
그러나 정치꾼들이 이 말을 먼저 채용해 마구 쓰기
시작하는 바람에 쓰기가 꺼림칙하다.

동지

★ 곧 이혼하게 될 여성은 도둑질 하는 남편에게 "도둑질은
정의롭지 않고 도덕적으로 나쁜 짓이니 하지 마시오"라고
말한다.
그러나 백년해로 하는 여성은 "도둑질이 비록 나쁘긴
하나 당신이 하는 일이니 나는 적극 지지하고 원하면
함께하겠소"라고 말한다.
이것이 바로 '한패'가 된다는 의미이고, 한패는
가족(패밀리)의 가장 큰 특징이자 미덕이기도 하다.
이로서 왜 가족을 강제로 해체할 수 없듯이 마피아
패밀리를 해체할 수 없는지, 그리고 현대의 정의구현
사회에서 왜 이혼이 만연하는지 짐작할 수 있다.

단상, 혹은 연상

헵번 스타일

★ 청초한 아름다움으로 세계 뭇 남성들의 가슴을 설레게 했던
은막의 스타 오드리 헵번은 세계의 불우한 어린이들을
위한 진정성 있는 구호활동으로 많은 이에게 감동을 준
휴머니스트이기도 했다.
1992년 9월 유니세프 친선대사로 소말리아를 방문한
뒤 대장암에 걸린 사실을 알게 되었고, 두 달 후 수술을
받았으나 1993년 자택에서 63세를 일기로 생을 마감했다.
암으로 세상을 뜨기 직전의 크리스마스 날, 그녀는
아들에게 Sam Levenson(1911~1980, 미국 출생의 작가,
교사, 언론인)의 시를 읽어 주었다고 전한다.

아름다운 입술을 가지고 싶으면 친절한 말을 하라.
사랑스런 눈을 갖고 싶으면 사람들에게서 좋은 점을 보아라.
날씬한 몸매를 갖고 싶으면 너의 음식을 배고픈 사람과 나누어라.
아름다운 머리카락을 갖고 싶으면 하루에 한 번 어린이가
손가락으로 너의 머리카락을 쓰다듬게 하라.

단상, 혹은 연상

우아한 자태를 갖고 싶다면 결코 당신 혼자 걷고 있지 않음을
명심하라.

사람들은 무엇보다도 회복되어야 하고, 새로워져야 하며,

치유받아야 하고, 구원받고 또 구원받아야 한다.

결코 누구도 버려서는 안 된다. 만일 당신이 도움의 손을

필요로 한다면, 당신의 팔 끝에서 찾을 수 있다.

당신이 더 나이가 들면 손이 두 개라는 사실을 발견할 것이다.

한 손은 당신 자신을 위한 손이고, 다른 한 손은 다른 사람을

돕는 손이다.

스위트 스폿

★ 스포츠 쪽에서 만들어져 여러 분야에서 자주 쓰이는 말
중에 '달콤한 점'이라 직역되는 '스위트 스폿sweet spot'이
있다.

날아오는 야구공과 그것을 받아치는 방망이 위에 존재하는
눈에 보이지 않는 특이한 점을 일컫는 용어다. 이곳을
서로 '정통으로' 적중시키면 큰 힘 들이지 않고도 홈런이나
장타가 터지지만, 그렇지 않으면 불쾌한 충격과 더불어
파울볼이나 뜬공이나 땅볼이 된다.

신체의 강약과 리듬, 적절한 각도를 유지하면서 손톱만 한
이 작은 점을 서로 맞추기란 쉽지가 않다. 선수들이 피나는
훈련을 거듭하는 것도 그곳을 정복하기 위한 노력에 다름
아니다.

테니스나 골프뿐만 아니라 장작 패기나 못 박기도 사정은
비슷하다. 상쾌한 느낌으로 장작을 두 쪽 내거나 못을
똑바로 박아 넣는가 하면, 충격파가 뼈까지 파고들면서
자칫 옆 사람에게 큰 부상을 입힐 수도 있다.

단상, 혹은 연상

이런 현상은 마주치는 두 물체의 무게 중심이 서로 맞지
않기 때문이다.

조금만 어긋나도 전체가 망가지는 치명적인 부분. 에너지가
한곳에 모여 전체를 장악하고 통제하기 쉬운 포인트.
사물의 가장 중요한 길목…. 우리는 이런 곳을 급소, 핵심,
요체要諦, 정곡正鵠, 또는 그에 준하는 말로 부른다.

운동기구 속에 그것이 있다면, 세상의 움직이는 모든
물체나 사물 속에도 있을 수 있다.

예컨대 좌우 스피커와 사람을 잇는 정삼각형의 꼭짓점, 즉
가장 좋은 소리를 들을 수 있는 위치, 경제가 이례적으로
호황을 누리는 시기, 소비자가 기업에 가장 매력을 느끼는
시점, 가장 매력적인 투자처 등도 '스위트 스폿'이라 부른다.
전쟁 속에도 있고 조직운영이나 정치 속에도 있으며,
예술과 인간관계 속에도 있다. 사자는 그곳을 단숨에 물어
저보다 몇 배 더 큰 얼룩말의 숨통을 끊어 버린다. 바둑
고수는 그곳에 단 한 점을 놓아 상대의 대마를 잡아 버린다.
사정이 그렇다면, 당연히 우리 인체 속에도 있을 것이다.
다만 신비한 존재의 속성이 그렇듯 그 실체를 본 사람은
아무도 없다. 초음파나 첨단 MRI 장비에도 잡히지 않고
당연히 인체 해부도에도 나와 있지 않다. 오로지 의학과는

거리가 먼 호사가들만이 그 존재를 끊임없이 거론한다.
누구는 콩알만 하다 하고 누구는 그보다 훨씬 클 것이라
한다. 심장 속 어디쯤이라고 주장하는 사람도 있고, 위와
폐, 또는 간肝 언저리, 두뇌 속의 뇌하수체腦下垂體나 전두엽
속이라 주장하는 사람도 있다.

그러나 보이지 않는다고 해서 존재하지 않는 것은 아니다.
끊임없는 웃음이 나올 때 우리는 '웃음보'가 터졌다고 한다.
웃음을 한데 모았다가 일시에 내보내는 기관이 분명함에도,
어떤 의사도 그것을 본 적은 없다. 슬픔이나 분노를
관리하는 울음보, 대식가의 먹보도 동일하다.
무언가가 그곳을 건드리면 인체는 특별한 반응을 보인다.
가슴 속 어딘가가 울컥하면서 눈물이 쏟아지고 전율이
온몸으로 퍼져 나간다.
마약을 흡입하거나 미쳤을 때처럼 열에 들떠 헛소리를
하고, 열광적으로 박수를 치기도 한다. 춤을 추는가 하면
에너지를 주체하지 못해 거리로 뛰쳐나가 폭도暴徒가
되기도 한다. 증상은 사람마다 다르다.
이런 현상을 우리는 감동感動이라 부른다. 닿아서(느껴서)
움직이는 것 ─ 영어 등 서구어에서도 touch感, move動
또는 그와 비슷한 단어가 쓰이는 것으로 보아 발상은

단상, 혹은 연상

비슷하다.

사람의 스위트 스폿이 어떤 것에 강타당하는 현상을
속세에서는 '뿅 간다', '홀린다', 또는 '꽂힌다'라고 한다.
만약 번식기의 칠면조 암컷이 수작을 걸어오는 수컷의
너덜거리는 코에 넘어갔다면 다름 아닌 거기에 '꽂힌'
것이다.
하늘 높은 곳에서 들려오는 목소리에 꽂혔다면 그는
분명 선각자라 할 수 있다. 그들의 사연이 담긴 책이 바로
《성경》이요《코란》이요《불경》이다.
둘 또는 다수의 사람들이 서로 꽂히는 것을 공감共感이라고
한다. 물론 한쪽만 꽂히면 짝사랑이 된다.
공감하는 상대를 우리는 동지同志라고 부른다. 무엇인가가
마음心을 쏘아 맞춰中 충忠으로 맺어진 관계를 말한다.
만약 누군가가 많은 동지들의 충忠을 확보할 수 있다면,
장타나 홈런 대신 기적 같은 일이 벌어진다.
모두의 시선이 쏠리면서 존경과 돈과 권력이 걷잡을
수 없이 몰려든다. 흔히 속세에서 대박이라고 부르는
현상으로, 주인공은 졸지에 사회적 지위와 부귀영화를
거머쥘 수 있다. 황제나 대통령 등 최고 권력자가 될 수도
있고, 세계 최고의 부자, 수천만의 신도를 거느린 교주가

될 수도 있다.

당연히 그에 고무된 인류는 오늘도 밤을 하얗게 새우면서 상상력과 영감을 짜낸다. 정곡正鵠을 찌르는 데 효과적이라 생각되는 화살들도 총동원된다. 시와 소설, 그림과 노래, 설교 등 전통적 수단 외에도 최근에는 영화나 CF, 대중연설 등의 파급력 강한 무기가 각광을 받고 있다.

그러나 모두가 성공하는 것은 아니고, 거룩한 것들만이 각광을 받지도 않는다.

갓 태어나 부모의 가슴에 안긴 아기, 누렇게 변색된 편지지에서 발견되는 돌아가신 부모님의 맞춤법 틀린 한 구절은 거의 폭탄에 가깝다. 이름 모를 들꽃 한 송이, 바이올린의 가냘픈 선율, 어슴푸레한 석양빛도 자주 그곳을 강타한다. 마음속의 가야금, 즉 심금心琴을 울린다.

아름다운 화살이 과녁을 관통할 때 우리는 그것을 '진짜'라고 하고 그렇지 않을 때 우리는 그것을 '가짜'라고 한다. 사기꾼은 가짜의 대표주자다.

문제는 화살의 종류가 수시로 바뀌고 그 효과 역시 종잡을 수가 없다는 데 있다.

구슬과 딱지와 짜장면 한 그릇에 꽂혔던 아이들은 커서 TV 속의 아이돌idol에 꽂힌다. 아줌마 아저씨가 되면

보석과 명품과 스포츠카에 꽂힌다. 어르신이 되면
권력과 명예에 꽂힌다.

스코틀랜드 민요에 꽂혔던 소년은 크면서 모차르트,
베토벤, 말러에 꽂혔다가 다시 스코틀랜드 민요로
돌아온다.

대부분의 선남선녀善男善女는 상대의 사소한 특징, 예컨대
머리칼을 쓸어 넘기는 가냘픈 손가락 등에 넘어가 '평생
동지' 관계로 돌입한다. 높게 세운 코트 깃과 쓸쓸해 보이는
뒷모습, 착 가라앉은 저음 등이 가슴을 쳤다는 경우도
있다… . (허긴 이런 일마저 일어나지 않는다면 낯선 남녀가
어떻게 짝을 찾겠는가?)

문제는 공감할 수 있는 수많은 요소 중에서 한두 개만이
스위트 스폿을 강타했다는 데 있다.

3년쯤 지나면 공감하지 못하는 요소가 한둘씩 고개를
들면서 땅볼과 뜬공이 출현하기 시작한다. 또 3년쯤 흐르면
그것이 수십 개로 늘어나면서 빗나간 망치질과 도끼질이
시작된다. 이혼할 때쯤이면 이유도 되지 않는 모든 요소가
다 쏟아져 나온다. 연애기간에는 왜 그것이 눈에 띄지
않았을까?

이것이 바로 감동의 정체이다.

따라서 우리는 다음과 같은 결론에 다다를 수 있다.

사람은 선하고 훌륭한 것에만 꽂히지 않는다. 사악하고 부정한 것에도 꽂힌다. 막장 드라마나 3류 소설에도 꽂히고, 도박과 섹스에도 꽂히며, 특히 돈과 마약과 권력은 말릴 수가 없다.

어떤 것에 꽂히는가를 보면 개인이나 사회가 대체로 어떤 삶을 살아 왔고 지금 어느 지점에 와 있으며, 앞으로 어떻게 살아갈지를 대략 짐작할 수 있다.

여성의 허벅지를 보고 입맛을 다신다면 그는 아직 식인종 단계에 머물러 있는 것이 분명하다. 머리에 수탉의 깃털을 꽂고 얼굴에 울긋불긋 물감을 칠하고 다닌다면 아직 미개인 단계라고 할 수 있다.

이 난해한 문제에 대한 해법은 인류의 영원한 숙제로 남을 듯하다.

그러나 탈출구가 전혀 없는 것은 아니다. 소개팅에서 양 볼의 매력적인 보조개만 눈에 들어온다면 염치불구하고 다음 몇몇 항목을 질문해 볼 일이다. 물론 상대의 양쪽 눈을 직시하는 것은 필수다. 여기에 천체망원경은 필요가 없다.

"부富를 어떻게 보는가? 분배를 어떻게 보는가? 사회계층에 대한 생각은 어떤가? 역사를 보는 눈은 어떤가? 종교에 대한 태도는 어떤가? 권력 행사에 대한 생각은 어떤가?"

단상, 혹은 연상

만약 이 정도의 항목에도 공감하지 못한다면 그것은 동지가
아니다. 그저 이웃일 뿐이다.

현실이 맘에 들지 않아서 다른 나라로 이주하고 싶은데
외국의 멋진 풍경만 눈에 들어올 때, 만사가 귀찮아져
귀향이나 귀촌을 하려는데 시골의 소박한 초가삼간만 눈에
뜨일 때도 마찬가지다. 조폭 조직, 정치단체, 동창회에
가입하거나 동업관계 등을 시작할 때에는 더 필수적이다.

재인이는 요즘 스티커에 꽂혀 산다. 제가 가장 좋아하는
♡ 스티커를 아무 곳에나 막 붙여 준다. 이마에도 붙여 주고
뺨에도 붙여 준다. 그럴 때마다 가슴 한쪽에 뜨거운 액체가
분출되는 것으로 보아 아마도 큐피드의 화살에 심장이
정통으로 관통당하는 것이 확실해 보인다.

보자기

★ 뭔가 담을 게 있을 때 보자기는 가방에 비해 원시적이다.
   그러나 물건을 비우고 나면 보자기가 훨씬 첨단적이다.
   무형無形이 될 수 있는 것처럼 첨단적인 것은 없다.

끝

주님, 주님께서는 제가 늙어 가고 있고

언젠가는 정말로 늙어 버릴 것을 저보다도 잘 알고 계십니다.

저로 하여금 말 많은 늙은이가 되지 않게 하시고

특히 아무 때나 무엇에나 한마디 해야 한다는

치명적인 버릇에 걸리지 않도록 하소서.

모든 사람의 삶을 바로잡고자 하는 열망으로부터 벗어나게 하소서.

저를 사려 깊으나 시무룩한 사람이 되지 않게 하시고,

남에게 도움을 주되 참견하기를 좋아하는 그런 사람이 되지 않게 하소서.

제가 눈이 점점 어두워지는 것은 어쩔 수 없겠지만,

저로 하여금 뜻하지 않은 곳에서 선한 낯을 보고

뜻밖의 사람에게서 좋은 재능을 발견하는 능력을 주소서.

그리고 그들에게 그것을 선뜻 칭찬해 줄 수 있는 아름다운 마음을 주소서.

아멘.

- 17세기 어느 수녀의 〈기도문〉 중에서

결국 이런 말을 들을 줄 알았다.

재인이는 열심히 그림을 그린다. 각종 색연필과 크레용으로 종이 위에 선을 긋고 점을 찍고 색칠을 한다.

무엇을 그렸는지 금방 알아볼 때도 있지만 그저 점과 선과 색채의 흔적일 때도 많다. 그러나 이 모두는 소중하다.

그림을 알아보지 못하는 것은 어른들의 잘못이지 재인이는 아무 죄도 없다. 녀석은 자신이 태어나서 지금껏 보고 듣고 생각한 것을 정직하게 그릴 뿐이다. 그중에는 〈겨울왕국〉의 공주와 소속 불명의 천사 그림이 압도적으로 많다. 이들을 한데 모아 보면 녀석이 지금 어떤 공기와 문화 속을 통과하고 있는지 가늠할 수 있다.

30년 후의 재인이에게…

그때 할아버지 머릿속을 이런 그림들이 하릴없이 오갔단다.

부질없고도 재미있지 않니?

잘 이해가 되지 않을 수도 있겠구나.

2016. 8. 10. 연희동 산자락에서

후기 後記

익숙한 모든 것들 속에서 문제없이 살던 어느 날,

모든 것이 낯설게 느껴지기 시작했다.

도로도 낯설고, 사람도 낯설고, TV 속의 너스레들도 낯설어졌다.

결혼식, 장례식도 낯설고, 대중식당과 지하철도 낯설어졌다.

스스로도 낯설어졌다.

낯선 느낌을 세상에서 가장 긴 글로 써보려 했다.

그러나 더 이상은 무리다. 이보다 더 긴 글은 시인들의 몫이다.

이 눈물겨운 노력을 진지하게 받아 주시고 책으로까지 꾸며 주신

나남 조상호 회장께 깊은 감사와 우정을 보낸다.

동영상 이야기

TV 제작 입문 – 〈인간극장〉 집에서 만들기

윤기호(제3비전 대표) 지음

동영상이 속삭이는 마흔네 가지 치명적인 메시지!

KBS 교양 PD로서, 독립 프로덕션 대표로서 일평생 다큐멘터리를 만들고 고민해 온 저자가 이 책에서 다루는 것은 단순히 기술적인 방송, 다큐멘터리의 이야기가 아니라 보다 본질적인 다큐멘터리의 속성과 의미이다. 그의 이러한 '문화론적' 동영상 이야기는 방송인들에게는 계속해서 고민할 수 있는 화두를, 일반인들에게는 기본적인 방송의 속성에 대한 이해를 가져다 줄 것이다.

《동영상 이야기》가 이루어 놓은 업적은 '방송'을 기술의 영역에서 해방시켜 문학, 미술, 음악 등 여타의 문화예술 전반의 시각 속에서 바라보았다는 점이다. 사실의 제시에서부터 허구의 창조의 이르는 이야기의 세계 속에 휴먼 다큐멘터리가 가지는 인간과 사물과의 상관성에 대한 의미체를 유기적으로 해독해 내는 한 방향을 제시하고 있다. –문학평론가 박동규

크라운판 | 344면 | 값 19,000원

나남 nanam   www.nanam.net | 031-955-4601

나무 심는 마음

조상호 (나남출판 발행인) 지음

꿈꾸는 나무가 되어 그처럼 살고 싶다.
나무를 닮고 싶고 나무처럼 늙고 싶고
영원히 나무 밑에 묻혀
일월성신을 같이하고 싶은 마음

37년간 언론출판의 한길을 걸어온 만큼 저자에게는
출판 외에도 다 담아낼 수 없을 만큼 쌓인 경험과 연륜이
있었다. 세상 사람들에게 깨달은 메시지를 전하고 싶었던 그는 나무처럼 살고 싶은 마음을
이 책에 담아냈다.
나무와 관련된 이야기, 수많은 씨줄과 날줄로 엮인 인연의 에세이, 깊은 시각에서 기록한 여
행기, 마지막으로 언론매체에 투영된 저자의 모습까지 한결같은 뚝심을 만날 수 있다. 독학
으로 시작한 나무 키우기는 어느새 나남수목원의 20만 평을 차지하고 이제 우렁찬 숲과 계
곡을 가꾼다. 10년 전 말했던 한국의 몽파르나스를 만들기 위한 꿈을 실현시켜 나간다. 뚝심
으로 사철을 견뎌낸 '언론의병장'의 뜻대로 몇십 년 후에는 정말 한국을 대표하는 묘원을 볼
수 있지 않을까. 모든 것을 품은 나무처럼 세상을 들이마신 그의 이야기에 빠져 보자.

신국판·올컬러 | 364면 | 값 20,000원

언론의병장의 꿈

조상호 (나남출판 발행인) 지음

30년 언론출판의 한길을 올곧게 걸어온 나남 조상호의 자전에세이,
한국지성사

좌우 이념의 저수지, 해풍 속의 소나무처럼 세상을 다 들이마셨다 –〈조선일보〉
한국사회에 뿌린 '지식의 밀알' 어느새 2,500권 –〈중앙일보〉

크라운판 변형 | 456면 | 값 24,000원

나남
nanam   www.nanam.net | 031-955-4601